作者像

作者简介

金丝燕，北京大学学士、硕士，法国索尔邦大学博士。法国阿尔多瓦大学特级教授、阿尔多瓦大学东方学系主任、阿尔多瓦大学孔子学院法方院长。兼任北京师范大学跨文化研究院副院长，主持并完成教育部人文社科重点研究基地重大项目“跨文化研究的理论与方法”。已出版中法文著作多种。近期出版的中文学术专著有：《文化转场：中国与他者》《佛经汉译之路》等。出版译著《中国思想的两种理性》（汪德迈著）、《中国教给我们什么？》（汪德迈著）等。任中法合作的“远近丛书”法方主编，乐黛云教授主编的学术杂志《跨文化对话》法方副主编。

内容简介

汉语与汉字教本的编写与研究是法国汉学的重要内容。本书主要讨论了三个个案：法国传教士戴遂良编写的古汉语教材，汪德迈与金丝燕合编的《古文言读本》和法国教育部原汉学总督白乐桑编的《汉语语言文字启蒙》。主要围绕三个问题展开讨论：何为古汉语？法国人用什么方法和视角编写汉语教本？怎样分析法国汉语教本的资料库？研究这批教本，既可以了解法国汉学的期待视野，也能重新评估汉字文化圈的现象。

［法］金丝燕　董晓萍　主编

“跨文化研究”丛书（70）

文化转场：法国早期汉学视野

［法］金丝燕　著

中国大百科全书出版社

图字：01-2019-1425

图书在版编目（CIP）数据

文化转场：法国早期汉学视野／（法）金丝燕著．—北京：中国大百科全书出版社，2019.4

ISBN 978-7-5202-0472-9

Ⅰ．①文… Ⅱ．①金… Ⅲ．①汉学—研究—法国 Ⅳ．① K207.8

中国版本图书馆 CIP 数据核字（2019）第 046340 号

责任编辑 曾 辉
封面设计 程 然
责任印制 魏 婷
出版发行 中国大百科全书出版社
地　　址 北京市阜成门北大街 17 号　　**邮政编码** 100037
电　　话 010－88390969
网　　址 http://www.ecph.com.cn
印　　刷 北京汇瑞嘉合文化发展有限公司
开　　本 787 毫米 ×1092 毫米　1/32
印　　张 4.375
字　　数 67 千字
印　　次 2019 年 4 月第 1 版　2019 年 4 月第 1 次印刷
书　　号 ISBN 978－7－5202－0472－9
定　　价 39.00 元

教育部人文社会科学重点研究基地重大项目
“跨文化学理论与方法论”
（项目批准号：16JJD750006）

综合性研究成果

教育部人文社会科学重点研究基地
北京师范大学民俗典籍文字研究中心
北京师范大学跨文化研究院敦和学术基金

资 助 出 版

“跨文化研究”丛书
编辑委员会

总　序

“跨文化研究”丛书是教育部人文社会科学重点研究基地重大项目“跨文化视野下的汉字、汉语与民俗文化研究”的综合性成果，由教育部人文社科重点研究基地北京师范大学民俗典籍文字研究中心执行，由承担北京师范大学“跨文化学研究生国际课程班”教学任务的中外学者撰写。

跨文化研究事业发端于北京大学，奠基人是北京大学著名教授乐黛云先生，乐先生同时也是中国比较文学专业的开创者，以往中国跨文化研究领域的学者也大都集中于这个领域。在法国，由新一代汉学家金丝燕教授领衔，开拓了跨文化、跨学科和跨文本的学科建设。北京师范大学近年开展的“跨文化学”学科建设之不同，在于将这门吸收世界前沿学问并提倡平等对话的学科向中国学术文化领域全面推进，同时也让中国历史文明与现代人文社会科学研究成果，通过跨文化的桥梁，公之于世，进行对话和交流。这种学科转向是经过长期准备的。

四年来，乐黛云先生、法国著名汉学家汪德迈先生、金丝燕教授、中国传统语言文字学家王宁先生和民俗学家董晓萍教授等联袂投入，将跨文化研究由文学门类，推向中国古代哲学、传统语言文字学、民俗学和科技史学等主要使用中国思想材料研究中国学问的领域，使多元文化发展与跨文化学学科建设整体关联的理论付诸实践。令人欣喜的是，中外学者对此一致响应，现在陆续出版的这套丛书，正是各国教授共同努力，从各自以中外不同视角长期从事研究所取得的学术成就中，精心提炼的一部分研究成果。

我们希望这套丛书能为跨文化学的理论和方法论建设提供砖瓦，也期盼中外高校跨文化学研究的人才队伍不断壮大。

本项工作得到北京师范大学研究生院的长期支持，北京师范大学民俗典籍文字研究中心和北京师范大学跨文化研究院敦和学术基金提供了出版资助，谨此一并致谢！

“跨文化研究”丛书编辑委员会

2018 年 8 月 28 日

目　录

前 言[1]

跨文化研究的价值、意义与方向，有三点。

第一，跨文化学作为新学科，从 2015 年开始，可以向世界宣布，发生地在中国，北京师范大学。

第二，跨文化研究的方法是建立多维度平台，所有的碎片在其间均有巨大的生命力，它们相遇使得思想和问题框架得以整合。汪德迈先生说他的学问是集中国和日本的学问于一体并加以发扬的，他不满足于做中国文化或日本文化的研究者。跨文化的意义就在这里。碎片越独特越好，碎片之间的生命力越大越好，这是跨文化学研究的特点。跨文化研究的“跨”字，来自拉丁语，

---

[1] 本书由北京师范大学中国民间文化研究所高级工程师赖彦斌，研究生王文超、徐令缘、罗珊、高磊、谢开来、付韵蕾做数字录音转录工作，作者在此基础上进行补充修改，特此说明并向转录者致谢。

是个动词，意思是“在那边”“到以外去”，即离开当下状态的一种“越”。这里有一个问题，用“跨”来翻译合不合适？因为“跨”指的是一个移动的行为，是从这里往那里移动，是一个平行状态；而拉丁语的“跨”是从当下的状态解脱出来，往“那边”变动，这样的一种变动维度当然可以想象并通过超验进行，有形而上的意义。因此，从字源的本义上来讲，“超越”比“跨越”可能更接近字源本义。但在这里，我们不闹“革命”，仍用原来的翻译。

跨文化研究首先是一种超越知识理论的思辨，而不仅仅是一个研究视角。我们会问：它在哪一个层面活动呢？在想象层面？在知识层面？在逻辑层面？在行为层面？都不是。分裂的知识碎片是没有办法使人接近真正的认知的，而我们的认识系统，我们所接受的知识框架，是知识世界的某一个碎片。想由这个碎片去探索一个整体，那是痴心妄想。我们在做学问和知识探究时，要时时警惕这一点，我们永远是一个碎片，我们能做的事就在这个碎片上，冷静地研究，有了些想法，别把这当成真理，如此而已。

分裂的知识碎片没有办法使人接近真正的认知。怎么办？必须创造超越碎片的灵感，否则数字和资料只是一种堆积。“跨”就是这样一种提供形而上、超越碎片的可能性，人类的思想、活动、研究，人类的生命，在“跨”的时候产生飞跃。法国人类学家列维－斯特劳斯、美国华裔考古学家张光直为我们提供了很好的启示，汪德迈先生同样如此。张光直从考古研究中发现，人类历史的发展是平行于地面的，而西方四百年以来突然有一个垂直向上的断裂。他问，当这个垂直向上的线条，突然复归于与地面平行时，西方做好准备了吗？这是 20 世纪 80 年代提出的问题。

第三，近五六年来，学科世界发生了很大变化。新的历史学观认为，人文学科的研究要有大历史框架，除此之外还要有思想。历史学再一次引领人文学科进入新时代，这个时代需要研究者有这样的觉醒：设想自己的研究碎片在大框架里的位置，以及自己的研究是否有思想性。汪德迈先生提到形而上与物而上的关系，里面就充满了思想性。我们希望通过在北京师范大学建设新学科，逐渐把跨文化研究引向这个方向。

跨文化研究的方法论的问题框架是：当整体性与精神性成为 21 世纪的主流时，是继续严格遵循 19 世纪的思维模式界定下的学科领域架构，还是跨越学科界限，回归传统的整体性批评维度？以词义无限延伸为特性的中国文本，如何不迷失在批评理论的术语中，而直接深入地探讨文化的相异性？

在中国文学中，当词义无限延伸时，我们面对以无限可能为特性的中国文本，用西方的破解文字的文艺理论框架去分析。批评何以可能？以话语为基点的物而上文化和以文为思辨精髓的宇宙而上的文化，两者的相遇是否会产生创造性？

汪德迈在《中国思想的两种理性：占卜与表意》中讲道，中国文字形成的四个阶段，使中国文字发展到高度的科学性和抽象性。中国文字独一无二的起源，体现在占卜文字发展的第四阶段。第一阶段是用动物的肩胛骨占卜，第二至第四阶段，随着占卜更具科学性，卜兆被早期科学化和抽象化，形成了中国最早的文字。依照一些西方学者的看法，中国文字与苏美尔文字、萨满教一样，只是属于第一阶段的占卜。汪德迈认为，中国存在宇宙而上的学问，那是一种理论化的世界观。占卜实践是一个开始。占卜特有的超验性维度是非本体的，是超越现象的。由此，经过《易经》传统产生一种超越，中国对宇宙和世界的观念，经数字化形式的占卜，产生《易经》，即高度的宇宙观，这是中国特有的一种超越物理性真实的学问。因此，中国思想不是超越物体，而是与宇宙合拍，故是“宇宙而上”的。

西方的汉学界有一种误解，这或许是受了我们唯物主义教育的影响，认为中国思想不可能抽象化，一如中国文字，这种观点产生于黑格尔。直到现在，这种误解仍占主流地位。汪德迈是例外。我们可以在中国的思想特性、文化特性、文字特性方面深化我们的研究，用我们的研究成果与他们对话，将误解慢慢化解为正见，而断裂和批判的态度不可取。这种化解是长期而艰苦的。汪德迈 60 年的汉学研究一直在这一条线上。

问题框架四，如何定义跨文化研究？跨文化研究的方法论是什么？

新学科建设的基础是方法论。跨文化研究要关注如何深入地探讨文化的相异性。在跨越比较的时代，要把研究的重点放在思考文化的互动性上。我们要梳理中国跨文化研究的学术史和方法论，这是一种文化使命感。文化殖民的危险远远大于军事殖民和经济殖民的危险。一种文化的生命力，根植于它与世界的平等对话和互动之中。

跨文化研究学科建设中的中国经验，对世界非常重要。

跨文化研究所处的社会历史背景是怎样的呢？21世纪是我们经历了文艺复兴400年后重新寻求精神家园的时期，无论人们是否愿意，有意识或是无意识，科学发展到今天，学科的过度细分使得人们的思维方式趋近于无限，而对无限的想象和敬畏，又让人终于想到要回到精神性，也就是一种对存在的超越。历史上解构人类精神性的最大因素不是战争，而是资本加上积累的心态，这种心态最大限度地为存在或不可见的生命建构了各种鸟笼，使创造性的可能性物质化、具象化，把生命创造性的灵感消解在时间、空间、忙碌、满足、期待、焦虑之中。

我们要探讨的问题是，跨文化研究作为一门新学科，它的定义和方法是什么。这一学科所关注的不是传统意义上文化与人类学是否可以并置的问题，也不是民族国家是否应该解体的问题，而是人文学科领域中的跨文化性，包括文化相遇与接受中的夸张度、身份以及异变性问题。

跨文化研究很容易与比较文学、世界文学和总体文学相提并论，并被视为是边缘地带的、跨学科的尝试。

大家对跨文化研究者有一种学科上的宽容——本行不错，有资本就跨一跨吧，就是这样一种宽容。习惯于学科分界的研究者视其为似是而非，也有学者提出原有学科体制是否应该进行相应的调整，文化和历史的大框架下的文化研究是否可能。跨文化研究注重多种文化的共同特征，探讨各文化体系本身无法单独凸显出来的潜在性。因此，它有独特的意义。汪德迈认为，从一种文化到另一种文化，首先引人注目的和引起疑问的东西就是寻找差异性。这个出发点不能从共性出发去研究，要从相异性开始，否则没有意义。

跨文化是多重维度，同时具有历时性和共时性。

跨文化研究最基本的要素是什么呢？有四个：跨文化理论、跨文化资源、跨文化经验、跨文化方法。

要素一：跨文化理论。一定是集个案研究之大成，与当今靠逻辑思考推断出来的理论体系背道而驰。它的维度是历时性和共时性，灵感来源于接受研究的方法，细化到文本源头语和被翻译的对象语。这几个方面在法国跨文化研究中都涉及了，有代表性。在理论建设方面，中外研究者都有很强的理论建设意识，中国不少学术项目和学术会议都将跨文化研究作为关键词，如乐黛云教授主编的《跨文化对话》。

跨文化研究的理论特性是什么呢？与神学和近世以来的理论体系不同，它的特性是超越的、不架构的。不能从约定俗成的期待、习惯出发去寻求或建设跨文化理论。

要素二：跨文化资源。文化资源应该是全面的，以尽可能多的世界范围内的社会文化系统为框架。跨文化的“跨”字不能简单地与覆盖面等同起来。人类历史是一匹跨文化的织锦，跨文化的关注就是在这匹织锦上。因此，跨文化研究的视野不在收集和积累相似现象并加以比较，而是从各文化的差异点出发研究人类的文化模式，包括生存、思维、语言、行为、交流、视角等，出发点可以无数，但终点无法界定。这是一支射出去的箭，落点不好预设。

要素三：跨文化经验。跨文化经验是跨文化研究的基础要素之一，涉及文化的普世与特殊，乐黛云在2015年为北京师范大学“跨文化学研究生国际课程班”所作讲座中谈到的第一点就是普世与特殊的关系。普世价值与保留文化的基因是两个不能回避的问题。广东外国语大学的跨文化交际研究所郑立华教授长期探讨的跨文化实践具有启发意义。乐黛云教授主编的远近丛书是一种跨文化对话的尝试。约请中法两位作者在不相遇的前提下，围绕一个感兴趣的主题从自己的经验和所在的文化出发去写作，两位作者在成书后成为该书最早的读者。在跨文化研究领域，误解和理解都不是问题，恰恰是很好的研究素材。

要素四：跨文化方法。跨文化研究的方法是什么呢？它与现有的人文学科的方法有哪些重合和不同呢？我们经常看到，跨文化研究者将其与文化间并用，或换用。跨文化研究的具体做法是在文化相异性基础上，从案例入手，建立研究的纵横空间，从解释模式、文化相异的态度、研究的视角和文化相异性研究四个方面切入。跨文化研究作为一个新学科，它的视野不在国别文学或区域文学，它的思路可以用文化异托邦的命题提出来，也就是对文化相异性、深层次的对话形态进行研究。跨文化研究和其他人文学科一样，从案例入手，保留实证研究的传统。案例研究可以多方位进入，比如可以用内部批评法，可以用外部批评法和总体批评法，也可以综合内部批评、外部批评和总体批评三种方法。内部批评是文本批评；外部批评是社会学批评。整体性研究，从法国学术的角度来讲，首先是从实证研究进去，比如研究期待视野史料学，研究一个文化对他者文化的期待视野。法国最通常的办法是建立一个史料学。以巴黎四大 2004 年推出的“法国外国文学翻译史计划”为例，这是一个国家项目，11 年间出版了两本书:《法国 19 世纪外国文学接受》《法国 16 世纪外国文学接受》。最难的是《法国 20 世纪外国文学接受》。开展跨文化研究必须有极为扎实的专业基础，才有可能进入“跨”维度的研究。

其次是研究文学接受，编写法国外国翻译史的书目，包括评述、杂志、报刊和评论文章，然后是翻译、出版情况，其中包括翻译出版图书的序、跋和广告，需要整体梯队长期的工作。

法国外国文学接受研究的第三个角度是对 19 世纪文学理论的翻译进行摸底。

汪德迈认为，他与专家的区别是他有法学、哲学和汉学的背景，他能跳出专业的框架去思想。我们跨文化史料的研究也是一样，要警醒是否有一种“走得最近，拉得最远”的意识，同时避免旁门左道的诱惑，要跟着引领你研究的那颗心前行。

第一章

法国古汉语教本的期待视野[1]

本章所谈的问题，从三个个案即三个资料库出发，这一研究的目标是探讨法国汉学家在编写古汉语教材中所显示的对汉字文化的期待视野。

本章从六个方面来讲：第一，何为古汉语？第二，用什么样的方法、视角，用什么文言文？第三至第五部分，是对三个资料库的分析，第一个资料库是法国的戴遂良神父（Père Wieger）编写的古汉语教材，第二个资料库是汪德迈和金丝燕编写的《古文言读本》，第三个资料库是白乐桑所编的《汉语语言文字启蒙》。第六，问题框架。

---

[1] 本章由北京师范大学中国民间文化研究所研究生李亚妮、邵玥根据作者讲稿录音转录，作者在此基础上进行了补充和修改，特此说明并向转录者致谢。

第一部分：何为古汉语？在古汉语的教学中，无论是编写者还是教员，都会碰到一个问题：何为古汉语？是从中国传统的教学理念、中国学出发，将文史哲的内容作为古汉语的内容呢，还是把包括以后逐渐发展的文字学、音韵学、训诂学也在里头，作为中国学的六个部分来涵盖古汉语呢？汪德迈先生认为，首先要问的问题是何为“文”。“文”的起源，汪德迈认为，从甲骨文的占卜开始，占卜文字显示了中国文字经过高度精密的科学性构造，它是一个“非自然的语言”，而非记录口语文字的“自然语言”。这个语言是什么时候产生的呢？汪德迈判断在殷代初期，有些人不同意，因为在一些更早的陶器上已经有图案。汪德迈认为陶器上的只是图案符号，尚未成字。因此，最初中国的字是从图形的话语来的，图形的话语就是占卜铭文，我们所说的古汉语应该就是最早的“文”“文言”。

这个形成的过程经过了几个阶段：第一个阶段：从铭文开始，记录符号；第二个阶段，形成了科学的符号，变成了表意，由卜人和史人来（创造），其实不是根据“六书”，而是他们的工作最后归纳为“六书”，它是一个表意的进程；第三个阶段，表意的符号高度理性化，开始延展创造新词，新词可以从表形和表意两个方面进行。[1]

用这种方法发明的，不是简单的表示话语的图形符号，它是一种文言语言，有声，但是表现的方式是独立的。这种图形语言经历了大概500年，最后从占卜理性变成了理性化的表意文字。这种理性化又将中国的表意文字体系提升到更为完善的层次，使人们觉得永远没有必要将其转换为拼音文字。中国文言与苏美尔文字、古埃及文字在发生和结果上，情形完全不同。中国重要的文字学学者王宁与法国汉学家汪德迈观点一致。

从唐代到近代末期，由纯粹"文"的语言，经佛经翻译，产生白话书面语，形声字的分量加大。我们讨论"何为古汉语"，会作一个界定：第一个阶段是"文言"；第二个阶段是"古白话"。"文言"就是"文之所言""微言大义"的"言"。"文言"又分"上古文言"，从起源开始一直到汉代；"中古文言"，从东汉开始到唐朝初期，

[1] 从《大藏经》长阿含汉译本法译的工作中，我们看到，公元4世纪左右，中国的文言开始进入白话书面语。

我们的佛经、口述性的叙述语言进入中国文言发声就在这个阶段；最后是“近古文言”，唐末到清代。

既然中国的“文言”不能笼统地称为古汉语，那么教什么样的古汉语，用什么方法教，是不是都能用统一的方法？或者我们在中国，教古汉语（那时候不叫古汉语，古汉语是20世纪50年代的说法）、古文学，教文史哲的时候，采用的是什么方法？一个方法还是多个方法？视角是什么？使用什么文本？刘向和刘歆的《七录》提出要把中国的古文本系统化，以经、史、子、艺、方技、文、类分之。汉代班固《艺文志》的七分法，以六艺、诸子、诗赋、兵书、术数、方技、别录对古书分类。西晋荀勖对皇家藏书的整理开创了“甲乙丙丁”四分法。四分法为后来的经史子集分类法提供了逻辑基础。东晋李充的《四部书目》、隋代的《隋书经籍志》都提出了经史子集的部次和大小序列，隋代形成“经史子集”四部四十七类[1]，经部有“易类”“书类”“诗类”“礼类”“乐类”“春秋类”“四书类”等，要介绍中国学的六个部分，了解这六部分涵盖的内容，

---

[1] 万刚：《中国古代文献学》，北京：北京大学出版社，2007，第8页。

可以明白古代的汉语教学方法和20世纪50年代新方法的重点何在，法国传教士与当代编写的古文言教本所体现的期待视野是什么。

第一节　耶稣会士戴遂良《中国文字：字源、文与词汇》

《中国文字：字源、文与词汇》（*Caractères chinois: étymologie, graphies, lexiques*）[1]，1916年于河北献县出版，2000多页，为耶稣会士戴遂良（Père Wieger, 1856—1933）编写。汪德迈先生在《古文言读本》的序中特别提到他。

---

[1] 白乐桑在此提出个人看法。他说："我开始主修汉语的时候，这本书给我们的印象特深。当然它不是严格意义上的教材，跟教学没有直接关系，可是它注意到了字，而我现在说的定义也是一个记忆单位。这基本上就是中国对外汉语教材中忽略掉的一个根本的东西。我现在回想，它当时对我们帮助很大。为什么？因为我们使用它来学习汉语。这本书使用部首这个概念，属记忆规律。每一个字有原部件，不一定都是部首。当时对我们来说，这弥补了我们古汉语教材的一个空白。"

法国耶稣会士戴遂良 1887 年来华。[1] 后半辈子住在中国，直到去世。我们未能找到他的画像，只有在 20 世纪 90 年代末找到的一块墓碑。

此书为法国国家图书馆藏本，由《前言》加上其他两部分构成。在《前言》中，编者论及中国“六书”、部首、形声、象形。第一部分根据 224 个部首，以字源为单位，编就 177 课。此后，引入了古文言甲骨文和金文铭文。第二部分是字表，由声旁、读音和部首组成。首先列出 858 个声旁，延续出来的 1 万多个生词，再以西

---

[1] 戴遂良 (Père Wieger，1856-1933) 主要论著有：

-*Folk-lore chinois moderne*，Sien-hsien，Impr. de la mission catholique，1909.

-*Chine moderne*，Hien-hien，Impr. de Hien-hien，1920—1932.

-*Histoire des croyances religieuses et des opinions philosophiques en Chine depuis l'origine jusqu'à nos jours*，Sienhsien，Impr. de Sienhsien，1917.

-*Les Pères du système taoïste, Lao-Tzeu (Tao-tei-king.), Lie-Tzeu. (Tch'oung-hu-tchenn-king.) -Tchoang-Tzeu (Nan-hoa-tchenn-king.)*，Paris，Cathasia，Impr. de Bellenand，1950.

-*Taoïsme. Taoïsme. Texte revu sur les anciennes éditions taoïstes, traduit d'après les commentaires et la tradition taoistes*，Hien-hien，Impr. de Hien-hien，1911—1913.

-*Caractères chinois*，3^{e}édition，Hien-hien，Impr. de Hien-hien，1916.

-*Rudiments de parler chinois, dialecte du Ho-kien-fou,* Hien-hien，Impr. de la Mission catholique，1894—1900.

-*Rudiments de parler et de style chinois*，Ho-kien fou，Impr. de la Mission catholique，1903—1905.

-*Bouddhisme chinois, textes établis*，Paris，Cathasia，1951.

图 1　戴遂良墓碑，位于河北献县教区神职墓地

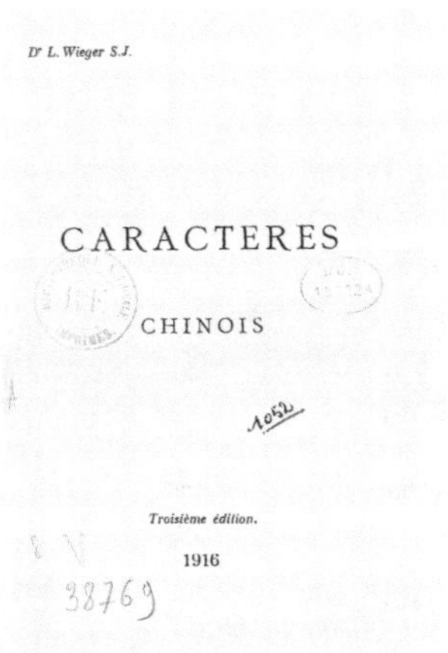
Dr L. Wieger S.J.

CARACTERES

CHINOIS

Troisième édition.

1916

图 2 《中国文字：字源、文与词汇》❶

❶　戴遂良编：《中国文字：字源、文与词汇》第三版（*Caractères chinois: étymologie, graphies, lexiques*），河北献县，1916。

方拼音来排列这些生词，最后是根据《康熙字典》列出的 214 个部首字表并附有难检字表。

此书第一部分的 177 课，含有 2083 个生字，有的课只有一个字：第 137、140、141、145、151、155、166、172、173、175、176 课。

第 137 课，就一个字“马”，没有作该部首字的伸展。而下一课，第 138 课“鸟”作为部首，延伸出“岛”“乌”等字。

第 102 课含字数最多，有 51 个字。

370 **Leçons étymologiques. 137. 138.**

NUMÉRO 137.

Ce numéro est consacré à la primitive 馬.

A 馬 [illegible] **Mà.** Image d'un cheval, crinière, pieds et queue; [illegible] 馬 [illegible] 也。像形。— Série radicale 187 dans K'ang-hi. Série phonétique 541. Divers composés de cette primitive ont été expliqués ailleurs, par exemple [illegible] 闖 nº 120 C, [illegible] nº 17 E, etc.

NUMÉRO 138.

Ce numéro traite de la primitive 鳥.

A 鳥 [illegible] **Niào.** Figure d'un oiseau à longue queue (comparez 隹 nº 168); 長尾禽總名也。像形。— Série radicale 196 dans K'ang-hi. — Revoyez 鳧 nº 22 B, [illegible] nº 21 C. Notez 鳴 *ming*, 口 chant des 鳥 oiseaux. Etc.

B 島 [illegible] Forme contracte, sans pieds, dans les deux suivants.

Tào. Île. Les cimes de montagne 山, rochers qui émergent de la mer, sur lesquels les 鳥 oiseaux de mer habitent. Notez que, dans la forme ancienne, [illegible] n'est pas tronqué.

梟 **Hiāo.** Oiseau de proie à l'affût à la cime d'un 木 arbre. Voyez nº 119 K. La tête seule paraît; les pieds sont cachés dans le feuillage; de là la contraction.

图 3　戴遂良编《中国文字：字源、文与词汇》，第 370 页

298　Leçons étymologiques. 102.

NUMÉRO 102.

Ce numéro est consacré à la primitive 干 *kān*, et aux importantes séries qui en dérivent. Un appendice traite de la primitive 丵 *tsŏo*.

Première série. 干 *kān*, 庚, 舌.

A 干 Kān. Figure d'un pilon; comparez n° 130. Sens étendus: broyer, détruire; au moral, attaquer, offenser; armes contondantes, lésion, etc. — Série radicale artificielle 51 dans Kang-hi. Série phonétique 17. Forme

臿 Tch'ā. Le 干 pilon planté dans le 臼 mortier (n° 139). Piler. Ficher, enfoncer dans. — Série phonétique 468.

旱 Hán. L'action torride et 干 destructrice du 日 soleil; sécheresse, aridité. — Série phonétique 259.

B 庚 Kēng. Ne figure pas une quenouille et l'action de filer, comme certains l'ont dit, mais l'action de décortiquer le riz, comme les dérivés le prouvent. C'était le gros travail domestique quotidien des anciens. Comparez n° 47 N.

康 K'āng. Décortiquer 庚 le 米 riz. Deux sens: 1° l'écorce détachée du grain, maintenant 糠; 2° le repos qui suit ce rude labeur. — Série phonétique 603. Rien de commun avec 隶 n° 44 E.

庸 Joūng. Ordinaire, commun, comme 庚 l'écorçage du riz, 用 travail de tous les jours. — Série phonétique 601.

唐 T'âng. Les 口 paroles qui accompagnent le pilage du riz; commérage, chamaillerie. — Série phonétique 558.

图 4　戴遂良编《中国文字：字源、文与词汇》，第 298 页

此书的编撰着重在部首结构的字，是一部字书。177 课的分布情况，请看表 1：

表 1　177 课的字数分布表

NUMÉRO（Leçon 课）	NOMBRE DES CARACTÈRES 字数	NOTES 注
NUMÉRO 1	10	
NUMÉRO 2	6	
NUMÉRO 3	6	
NUMÉRO 4	3	
NUMÉRO 5	2	

续表

NUMÉRO（Leçon 课）	NOMBRE DES CARACTÈRES 字数	NOTES 注
NUMÉRO 6	11	
NUMÉRO 7	5	
NUMÉRO 8	5	
NUMÉRO 9	4	
NUMÉRO 10	15	
NUMÉRO 11	10	
NUMÉRO 12	19	
NUMÉRO 13	15	
NUMÉRO 14	25	
NUMÉRO 15	8	
NUMÉRO 16	14	
NUMÉRO 17	17	
NUMÉRO 18	28	
NUMÉRO 19	6	
NUMÉRO 20	8	
NUMÉRO 21	4	
NUMÉRO 22	9	
NUMÉRO 23	13	
NUMÉRO 24	16	其中直字与 NUMÉRO 10 重复
NUMÉRO 25	9	
NUMÉRO 26	26	

续表

NUMÉRO（Leçon 课）	NOMBRE DES CARACTÈRES 字数	NOTES 注
NUMÉRO 27	27	其中夹字与 NUMÉRO 13 重复，佥字与 NUMÉRO 14 重复
NUMÉRO 28	12	其中及字与 NUMÉRO 19 重复，千字与 NUMÉRO 24 重复
NUMÉRO 29	18	其中光字与 NUMÉRO 24 重复
NUMÉRO 30	13	
NUMÉRO 31	18	
NUMÉRO 32	14	
NUMÉRO 33	4	
NUMÉRO 34	25	
NUMÉRO 35	19	
NUMÉRO 36	19	
NUMÉRO 37	8	
NUMÉRO 38	16	
NUMÉRO 39	26	
NUMÉRO 40	23	
NUMÉRO 41	29	
NUMÉRO 42	8	
NUMÉRO 43	19	
NUMÉRO 44	18	
NUMÉRO 45	15	

续表

NUMÉRO（Leçon 课）	NOMBRE DES CARACTÈRES 字数	NOTES 注
NUMÉRO 46	12	
NUMÉRO 47	34	
NUMÉRO 48	5	
NUMÉRO 49	11	
NUMÉRO 50	19	
NUMÉRO 51	3	
NUMÉRO 52	11	
NUMÉRO 53	7	
NUMÉRO 54	17	
NUMÉRO 55	15	
NUMÉRO 56	6	
NUMÉRO 57	2	
NUMÉRO 58	15	
NUMÉRO 59	14	
NUMÉRO 60	27	
NUMÉRO 61	13	
NUMÉRO 62	11	
NUMÉRO 63	4	
NUMÉRO 64	10	
NUMÉRO 65	10	
NUMÉRO 66	4	
NUMÉRO 67	20	
NUMÉRO 68	10	

续表

NUMÉRO（Leçon 课）	NOMBRE DES CARACTÈRES 字数	NOTES 注
NUMÉRO 69	17	
NUMÉRO 70	3	
NUMÉRO 71	31	
NUMÉRO 72	33	
NUMÉRO 73	29	
NUMÉRO 74	17	
NUMÉRO 75	33	
NUMÉRO 76	13	
NUMÉRO 77	6	
NUMÉRO 78	21	
NUMÉRO 79	45	
NUMÉRO 80	2	
NUMÉRO 81	18	
NUMÉRO 82	26	
NUMÉRO 83	9	
NUMÉRO 84	7	
NUMÉRO 85	15	
NUMÉRO 86	10	
NUMÉRO 87	10	
NUMÉRO 88	4	
NUMÉRO 89	6	
NUMÉRO 90	19	
NUMÉRO 91	12	

续表

NUMÉRO（Leçon 课）	NOMBRE DES CARACTÈRES 字数	NOTES 注
NUMÉRO 92	17	
NUMÉRO 93	3	
NUMÉRO 94	27	
NUMÉRO 95	13	
NUMÉRO 96	8	
NUMÉRO 97	20	
NUMÉRO 98	7	
NUMÉRO 99	9	
NUMÉRO 100	12	
NUMÉRO 101	10	
NUMÉRO 102	51	
NUMÉRO 103	20	
NUMÉRO 104	6	
NUMÉRO 105	4	
NUMÉRO 106	11	
NUMÉRO 107	3	
NUMÉRO 108	6	
NUMÉRO 109	6	
NUMÉRO 110	5	
NUMÉRO 111	4	
NUMÉRO 112	38	
NUMÉRO 113	4	
NUMÉRO 114	6	

续表

NUMÉRO（Leçon 课）	NOMBRE DES CARACTÈRES 字数	NOTES 注
NUMÉRO 115	7	
NUMÉRO 116	3	
NUMÉRO 117	21	
NUMÉRO 118	14	
NUMÉRO 119	29	
NUMÉRO 120	29	
NUMÉRO 121	19	
NUMÉRO 122	7	
NUMÉRO 123	8	
NUMÉRO 124	3	
NUMÉRO 125	15	
NUMÉRO 126	18	
NUMÉRO 127	11	
NUMÉRO 128	8	
NUMÉRO 129	17	
NUMÉRO 130	9	
NUMÉRO 131	9	
NUMÉRO 132	6	
NUMÉRO 133	11	
NUMÉRO 134	11	
NUMÉRO 135	9	
NUMÉRO 136	8	
NUMÉRO 137	1	

续表

NUMÉRO（Leçon 课）	NOMBRE DES CARACTÈRES 字数	NOTES 注
NUMÉRO 138	7	
NUMÉRO 139	5	
NUMÉRO 140	1	
NUMÉRO 141	1	
NUMÉRO 142	10	
NUMÉRO 143	10	
NUMÉRO 144	4	
NUMÉRO 145	1	
NUMÉRO 146	16	
NUMÉRO 147	2	
NUMÉRO 148	3	
NUMÉRO 149	12	
NUMÉRO 150	2	
NUMÉRO 151	1	
NUMÉRO 152	3	
NUMÉRO 153	6	
NUMÉRO 154	3	
NUMÉRO 155	1	
NUMÉRO 156	9	
NUMÉRO 157	4	
NUMÉRO 158	15	
NUMÉRO 159	8	
NUMÉRO 160	14	

续表

NUMÉRO（Leçon 课）	NOMBRE DES CARACTÈRES 字数	NOTES 注
NUMÉRO 161	8	
NUMÉRO 162	2	
NUMÉRO 163	2	
NUMÉRO 164	12	
NUMÉRO 165	13	
NUMÉRO 166	1	
NUMÉRO 167	7	
NUMÉRO 168	18	
NUMÉRO 169	16	
NUMÉRO 170	5	
NUMÉRO 171	5	
NUMÉRO 172	1	
NUMÉRO 173	1	
NUMÉRO 174	2	
NUMÉRO 175	1	
NUMÉRO 176	1	
NUMÉRO 177	2	
总计	2083（减去重复字 6 个）	

制表：刘曼

由表 1 可得出图 5：

177 课含 2083 个字，从仅仅一个字为一课到 51 个字为一课，生字数在每课的分布不平均。中部偏多，开始与结

图 5 《中国文字：字源、文与词汇》之 177 课字数图
制图：魏文科

尾两头的课程生字减少。作为教本，从字入手的理念很清楚，但177课如此庞大的数目，每一课不设课文只有汉字，而字数的编排又有任意性，该书的教本性质比较模糊。

在2083个生字中，声旁字为858个，占总字数的42%，其他占58%。

继177课之后，编者选入98篇课文，如实录入殷代与周代金文原件图像，不设生词表，只有原文和法语翻译，对文中不能辨识之字，不作注解，只是打上方框。如此编写古文言读本，似乎在遵循中国古文学习“由文入手”的特性。

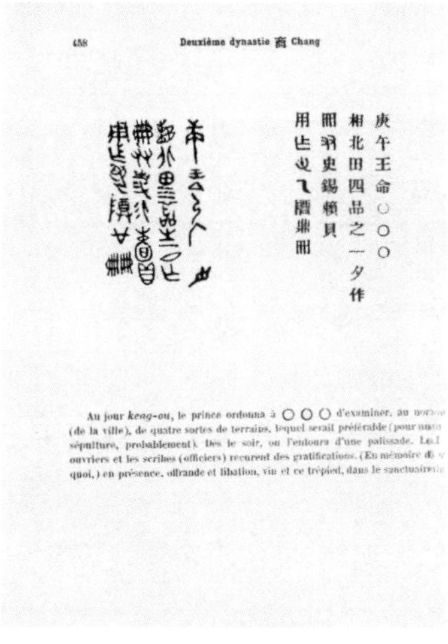
458　Deuxième dynastie 商 Chang

庚午王命○○○
相北田四品之一夕作
冊羽史錫賴貝
用乍戈乙攢鼎冊

Au jour *keng-ou*, le prince ordonna à ○ ○ ○ d'examiner, au nor… (de la ville), de quatre sortes de terrains, lequel serait préférable (pour un… sépulture, probablement). Dès le soir, on l'entoura d'une palissade. Les ouvriers et les scribes (officiers) reçurent des gratifications. (En mémoire d… quoi,) en présence, offrande et libation, vin et ce trépied, dans le sanctuaire…

图6　戴遂良编《中国文字：字源、文与词汇》，第458页

此书第二部分的声旁系列在列入177课的858个声旁字基础上加入新字（见表2），而在前面的177课中生词是按部首排列的。

表2　858个声旁、10922个延伸字分布图表

177课列入的声旁字序号	延伸的声旁字数	177课列入的声旁字序号	延伸的声旁字数
1	14	15	9
2	7	16	14
3	9	17	34
4	7	18	6
5	8	19	14
6	12	20	22
7	25	21	8
8	10	22	31
9	10	23	7
10	13	24	6
11	24	25	5
12	7	26	9
13	7	27	3
14	23	28	11

续表

177 课列入的声旁字序号	延伸的声旁字数	177 课列入的声旁字序号	延伸的声旁字数
29	10	47	14
30	10	48	5
31	9	49	5
32	9	50	8
33	12	51	11
34	15	52	4
35	26	53	7
36	6	54	21
37	26	55	19
38	21	56	16
39	26	57	19
40	3	58	23
41	9	59	24
42	10	60	12
43	15	61	11
44	22	62	18
45	12	63	14
46	40	64	5

续表

177 课列入的声旁字序号	延伸的声旁字数	177 课列入的声旁字序号	延伸的声旁字数
65	3	83	16
66	8	84	26
67	10	85	7
68	22	86	5
69	11	87	7
70	19	88	8
71	32	89	15
72	24	90	10
73	12	91	18
74	14	92	20
75	7	93	14
76	8	94	6
77	8	95	22
78	13	96	9
79	15	97	21
80	24	98	6
81	9	99	9
82	12	100	11

续表

177 课列入的声旁字序号	延伸的声旁字数	177 课列入的声旁字序号	延伸的声旁字数
101	19	121	7
102	10	122	9
103	18	123	20
104	13	124	22
105	9	125	19
106	7	126	35
107	20	127	19
108	18	128	24
109	5	129	12
110	9	130	19
111	18	131	6
112	3	132	11
113	7	133	18
114	24	134	16
115	13	135	24
116	25	136	19
117	43	137	16
118	38	138	30
119	18	139	15
120	12	140	6

续表

177 课列入的声旁字序号	延伸的声旁字数	177 课列入的声旁字序号	延伸的声旁字数
141	21	161	19
142	33	162	25
143	12	163	11
144	13	164	9
145	4	165	23
146	11	166	33
147	4	167	6
148	7	168	13
149	15	169	24
150	22	170	5
151	4	171	22
152	10	172	14
153	37	173	4
154	29	174	9
155	15	175	8
156	16	176	2
157	6	177	8
158	9	178	15
159	20	179	13
160	11	180	6

续表

177 课列入的声旁字序号	延伸的声旁字数	177 课列入的声旁字序号	延伸的声旁字数
181	5	201	21
182	28	202	43
183	8	203	19
184	7	204	11
185	7	205	15
186	5	206	29
187	12	207	18
188	8	208	4
189	5	209	16
190	5	210	8
191	10	211	9
192	38	212	28
193	6	213	20
194	10	214	9
195	15	215	28
196	8	216	10
197	9	217	14
198	9	218	6
199	12	219	12
200	6	220	6

续表

177 课列入的声旁字序号	延伸的声旁字数	177 课列入的声旁字序号	延伸的声旁字数
221	6	241	23
222	7	242	10
223	9	243	15
224	6	244	10
225	7	245	27
226	16	246	12
227	14	247	7
228	12	248	11
229	20	249	16
230	9	250	14
231	38	251	12
232	8	252	12
233	5	253	15
234	23	254	4
235	6	255	10
236	19	256	32
237	7	257	14
238	8	258	7
239	24	259	13
240	8	260	4

续表

177 课列入的声旁字序号	延伸的声旁字数	177 课列入的声旁字序号	延伸的声旁字数
261	16	281	20
262	6	282	11
263	11	283	6
264	5	284	10
265	9	285	9
266	20	286	18
267	15	287	18
268	3	288	17
269	27	289	5
270	6	290	18
271	20	291	12
272	20	292	9
273	19	293	7
274	6	294	5
275	10	295	16
276	6	296	44
277	21	297	9
278	8	298	14
279	27	299	16
280	15	300	4

续表

177 课列入的声旁字序号	延伸的声旁字数	177 课列入的声旁字序号	延伸的声旁字数
301	16	321	17
302	5	322	23
303	5	323	3
304	5	324	11
305	14	325	19
306	20	326	34
307	16	327	11
308	16	328	5
309	12	329	9
310	11	330	15
311	8	331	11
312	14	332	13
313	6	333	5
314	30	334	17
315	15	335	7
316	26	336	15
317	17	337	7
318	8	338	7
319	19	339	9
320	19	340	3

续表

177 课列入的声旁字序号	延伸的声旁字数	177 课列入的声旁字序号	延伸的声旁字数
341	3	361	6
342	30	362	10
343	34	363	19
344	5	364	22
345	13	365	9
346	19	366	14
347	9	367	15
348	13	368	7
349	10	369	4
350	7	370	5
351	12	371	16
352	5	372	5
353	3	373	5
354	18	374	15
355	7	375	30
356	15	376	5
357	15	377	30
358	26	378	19
359	17	379	7
360	18	380	7

续表

177 课列入的声旁字序号	延伸的声旁字数	177 课列入的声旁字序号	延伸的声旁字数
381	13	401	10
382	11	402	7
383	11	403	7
384	22	404	26
385	16	405	26
386	26	406	26
387	5	407	15
388	6	408	18
389	8	409	7
390	36	410	7
391	9	411	20
392	15	412	7
393	22	413	20
394	5	414	13
395	21	415	5
396	7	416	10
397	7	417	26
398	7	418	18
399	9	419	12
400	10	420	20

续表

177 课列入的声旁字序号	延伸的声旁字数	177 课列入的声旁字序号	延伸的声旁字数
421	21	441	11
422	6	442	25
423	7	443	17
424	16	444	12
425	12	445	7
426	17	446	5
427	34	447	16
428	17	448	9
429	7	449	6
430	18	450	8
431	16	451	3
432	5	452	9
433	29	453	8
434	12	454	9
435	12	455	5
436	18	456	16
437	9	457	9
438	21	458	12
439	12	459	7
440	11	460	5

续表

177 课列入的声旁字序号	延伸的声旁字数	177 课列入的声旁字序号	延伸的声旁字数
461	7	481	17
462	28	482	10
463	16	483	6
464	8	484	7
465	10	485	8
466	8	486	11
467	9	487	16
468	9	488	22
469	9	489	15
470	38	490	17
471	7	491	10
472	16	492	30
473	18	493	8
474	23	494	10
475	8	495	11
476	12	496	22
477	7	497	25
478	9	498	8
479	12	499	10
480	7	500	6

续表

177 课列入的声旁字序号	延伸的声旁字数	177 课列入的声旁字序号	延伸的声旁字数
501	4	521	12
502	18	522	6
503	12	523	12
504	4	524	9
505	18	525	17
506	6	526	31
507	4	527	13
508	6	528	12
509	6	529	20
510	4	530	8
511	8	531	6
512	15	532	6
513	12	533	11
514	19	534	4
515	6	535	31
516	19	536	20
517	15	537	10
518	7	538	9
519	11	539	7
520	4	540	16

续表

177 课列入的声旁字序号	延伸的声旁字数	177 课列入的声旁字序号	延伸的声旁字数
541	14	561	7
542	11	562	12
543	7	563	6
544	11	564	5
545	12	565	28
546	21	566	10
547	9	567	7
548	6	568	11
549	15	569	20
550	6	570	6
551	9	571	3
552	7	572	12
553	6	573	16
554	3	574	3
555	13	575	5
556	13	576	20
557	19	577	10
558	11	578	7
559	17	579	8
560	4	580	12

续表

177 课列入的声旁字序号	延伸的声旁字数	177 课列入的声旁字序号	延伸的声旁字数
581	17	601	9
582	9	602	9
583	20	603	7
584	11	604	11
585	20	605	4
586	14	606	6
587	7	607	9
588	11	608	19
589	4	609	28
590	7	610	7
591	4	611	8
592	12	612	34
593	9	613	11
594	8	614	32
595	9	615	6
596	9	616	22
597	5	617	13
598	12	618	15
599	8	619	9
600	12	620	26

续表

177 课列入的声旁字序号	延伸的声旁字数	177 课列入的声旁字序号	延伸的声旁字数
621	17	641	19
622	11	642	10
623	32	643	13
624	22	644	19
625	8	645	10
626	13	646	3
627	24	647	14
628	28	648	21
629	6	649	19
630	10	650	11
631	3	651	10
632	8	652	4
633	7	653	14
634	7	654	9
635	11	655	6
636	6	656	14
637	12	657	19
638	18	658	7
639	13	659	7
640	11	660	6

续表

177 课列入的声旁字序号	延伸的声旁字数	177 课列入的声旁字序号	延伸的声旁字数
661	6	681	8
662	7	682	26
663	8	683	5
664	6	684	28
665	5	685	3
666	12	686	18
667	25	687	9
668	2	688	27
669	9	689	22
670	11	690	5
671	6	691	5
672	9	692	17
673	15	693	8
674	10	694	15
675	19	695	9
676	7	696	11
677	8	697	6
678	11	698	6
679	7	699	12
680	13	700	30

续表

177 课列入的声旁字序号	延伸的声旁字数	177 课列入的声旁字序号	延伸的声旁字数
701	20	721	12
702	8	722	21
703	5	723	19
704	6	724	8
705	5	725	19
706	4	726	3
707	12	727	21
708	27	728	11
709	27	729	10
710	14	730	19
711	13	731	6
712	26	732	3
713	22	733	7
714	7	734	12
715	6	735	12
716	16	736	10
717	5	737	7
718	18	738	5
719	9	739	15
720	25	740	7

续表

177 课列入的声旁字序号	延伸的声旁字数	177 课列入的声旁字序号	延伸的声旁字数
741	7	759	26
742	7	760	12
743	7	761	23
744	8	762	7
745	7	763	18
746	12	764	24
747	10	765	16
748	7	766	7
749	15	767	16
750	16	768	7
751	28	769	10
752	7	770	19
753	4	771	3
754	4	772	12
755	12	773	7
756	7	774	6
757	19	775	20
758	9	776	9

续表

177 课列入的声旁字序号	延伸的声旁字数	177 课列入的声旁字序号	延伸的声旁字数
777	10	795	3
778	19	796	4
779	4	797	5
780	19	798	4
781	12	799	13
782	7	800	17
783	15	801	8
784	23	802	16
785	10	803	5
786	7	804	9
787	18	805	9
788	6	806	10
789	3	807	10
790	27	808	6
791	7	809	4
792	4	810	6
793	13	811	3
794	11	812	3

续表

177 课列入的声旁字序号	延伸的声旁字数	177 课列入的声旁字序号	延伸的声旁字数
813	4	831	27
814	5	832	3
815	13	833	16
816	19	834	13
817	9	835	8
818	3	836	10
819	5	837	6
820	11	838	6
821	11	839	11
822	26	840	17
823	30	841	14
824	6	842	8
825	4	843	3
826	6	844	18
827	6	845	19
828	5	846	12
829	3	847	8
830	16	848	5

续表

177 课列入的声旁字序号	延伸的声旁字数	177 课列入的声旁字序号	延伸的声旁字数
849	20	855	8
850	7	856	3
851	5	857	8
852	6	858	6
853	5	总计	10922
854	6		

制表：刘曼

在表 2 的声旁分布图中可看到，字数最多的是第 296 个声旁，含 44 个声旁字。

编者列举最少的是第 668 个声旁，只记入 2 个字。

此书第二部分声旁字表的分布和第一部分 177 课部首字分布的特点相同，各声旁单位的字数不等。

继声旁字表之后是部首生字表。选用的 214 个部首含 1798 个基本字，所列字后面标明出现在哪一课，然后由基本字延伸，共含 13036 字。

第 85 个部首“水”，列出的字最多，有 620 个。第 1195 页的第 183 个部首的字数与第 213 个部首只有 2 个字。字数分布不均匀，见表 3。

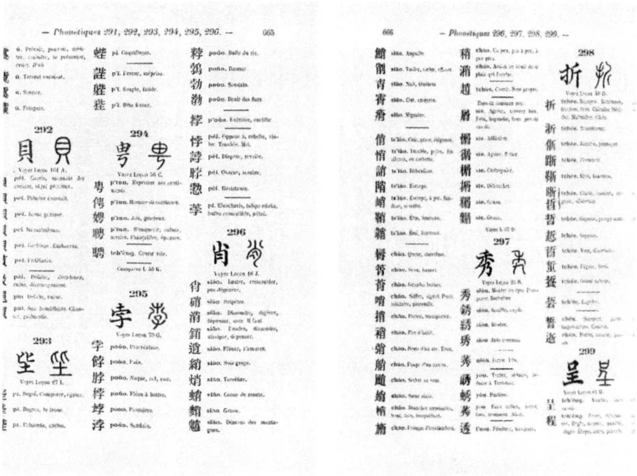

— Phonétiques 291, 292, 293, 294, 295, 296. — 665

666 — Phonétiques 296, 297, 298, 299. —

图 7　戴遂良《中国文字：字源、文与词汇》之声旁字表，第665—666 页

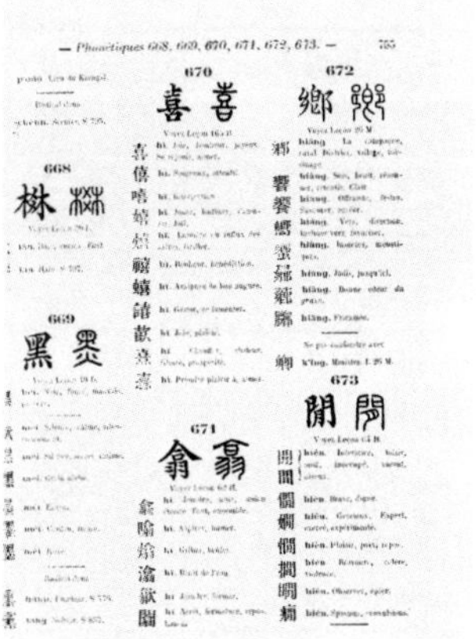

— Phonétiques 668, 669, 670, 671, 672, 673. — 755

图 8　戴遂良编《中国文字：字源、文与词汇》之声旁字表，第 755 页

1000 *Radicaux 1, 2, 3, 4.*

Rad. 1

Rad. 2

Rad. 3

Rad. 4

图 9　戴遂良编《中国文字：字源、文与词汇》

表 3　214 部首字表

部首	字数	部首	字数
Rad. 1	29	Rad. 11	8
Rad. 2	12	Rad. 12	11
Rad. 3	5	Rad. 13	12
Rad. 4	16	Rad. 14	14
Rad. 5	13	Rad. 15	44
Rad. 6	5	Rad. 16	10
Rad. 7	13	Rad. 17	5
Rad. 8	14	Rad. 18（刀 / 刂）	138
Rad. 9（人 / 亻）	448	Rad. 19	57
Rad. 10	20	Rad. 20	23

续表

部首	字数	部首	字数
Rad. 21	4	Rad. 45	5
Rad. 22	21	Rad. 46（山）	158
Rad. 23	8	Rad. 47	10
Rad. 24	15	Rad. 48	12
Rad. 25	10	Rad. 49	8
Rad. 26	15	Rad. 50（巾）	112
Rad. 27	33	Rad. 51	8
Rad. 28	7	Rad. 52	10
Rad. 29	22	Rad. 53（广）	108
Rad. 30（口）	450	Rad. 54	11
Rad. 31	39	Rad. 55	16
Rad. 32（土）	259	Rad. 56	13
Rad. 33	12	Rad. 57	47
Rad. 34	3	Rad. 58	10
Rad. 35	9	Rad. 59	16
Rad. 36	12	Rad. 60	61
Rad. 37	52	Rad. 61（心）	524
Rad. 38（女）	243	Rad. 62	50
Rad. 39	29	Rad. 63	26
Rad. 40（宀）	110	Rad. 64（手 / 扌）	582
Rad. 41	20	Rad. 65	4
Rad. 42	10	Rad. 66	71
Rad. 43	15	Rad. 67	9
Rad. 44	49	Rad. 68	14

续表

部首	字数	部首	字数
Rad. 69	20	Rad. 93	52
Rad. 70	35	Rad. 94（犬 / 犭）	122
Rad. 71	3	Rad. 95（玉）	160
Rad. 72（日）	166	Rad. 96	5
Rad. 73	15	Rad. 97	8
Rad. 74	29	Rad. 98	36
Rad. 75（木）	620	Rad. 99	7
Rad. 76	64	Rad. 100	6
Rad. 77	15	Rad. 101	5
Rad. 78	61	Rad. 102	61
Rad. 79	23	Rad. 103	4
Rad. 80	7	Rad. 104（疒）	180
Rad. 81	6	Rad. 105	4
Rad. 82	44	Rad. 106	27
Rad. 83	5	Rad. 107	22
Rad. 84	7	Rad. 108	39
Rad. 85（水 / 氵）	620	Rad. 109（目）	151
Rad. 86（火）	204	Rad. 110	4
Rad. 87	12	Rad. 111	14
Rad. 88	4	Rad. 112（石）	170
Rad. 89	4	Rad. 113	83
Rad. 90	16	Rad. 114	6
Rad. 91	15	Rad. 115（禾）	143
Rad. 92	5	Rad. 116	67

续表

部首	字数	部首	字数
Rad. 117	26	Rad. 141	25
Rad. 118（竹）	228	Rad. 142（虫）	298
Rad. 119	81	Rad. 143	11
Rad. 120（糸）	293	Rad. 144	23
Rad. 121	20	Rad. 145（衣 / 衤）	202
Rad. 122	47	Rad. 146	13
Rad. 123	46	Rad. 147	31
Rad. 124	47	Rad. 148	29
Rad. 125	8	Rad. 149（言）	300
Rad. 126	6	Rad. 150	6
Rad. 127	20	Rad. 151	14
Rad. 128	43	Rad. 152	27
Rad. 129	7	Rad. 153	28
Rad. 130（月）	269	Rad. 154	98
Rad. 131	6	Rad. 155	9
Rad. 132	6	Rad. 156	33
Rad. 133	5	Rad. 157（足）	178
Rad. 134	15	Rad. 158	23
Rad. 135	14	Rad. 159（車）	101
Rad. 136	4	Rad. 160	15
Rad. 137	54	Rad. 161	3
Rad. 138	6	Rad. 162（辵 / 辶）	142
Rad. 139	3	Rad. 163（邑 / 阝）	126
Rad. 140（艸 / 艹）	577	Rad. 164	80

续表

部首	字数	部首	字数
Rad. 165	4	Rad. 191	10
Rad. 166	5	Rad. 192	2
Rad. 167（金）	272	Rad. 193	6
Rad. 168	3	Rad. 194	23
Rad. 169	78	Rad. 195（魚）	154
Rad. 170	99	Rad. 196（鳥）	175
Rad. 171	3	Rad. 197	10
Rad. 172	38	Rad. 198	33
Rad. 173	71	Rad. 199	19
Rad. 174	7	Rad. 200	11
Rad. 175	4	Rad. 201	5
Rad. 176	6	Rad. 202	8
Rad. 177	78	Rad. 203	32
Rad. 178	22	Rad. 204	4
Rad. 179	5	Rad. 205	8
Rad. 180	9	Rad. 206	4
Rad. 181	76	Rad. 207	12
Rad. 182	33	Rad. 208	19
Rad. 183	2	Rad. 209	14
Rad. 184（食/飠）	114	Rad. 210	5
Rad. 185	5	Rad. 211	33
Rad. 186	11	Rad. 212	4
Rad. 187（馬）	134	Rad. 213	2
Rad. 188	44	Rad. 214	6
Rad. 189	3		
Rad. 190	60	总计	13036

下面是部首字表的数据统计，214个部首字数的分布图。

部首部分，从字数的分布来看，同样有相当的任意性。

对戴遂良《中国文字：字源、文与词汇》一书的排课结构、字数、声旁、形旁几个方面所进行的梳理，勾勒出作者的期待视野。戴遂良重视中国传统的文字学，从形旁入手设立课程，同时用形声和形旁两个方法归纳。因此这是一部学字的教本，177课的2083个生字按形旁编排。声旁字表作为附录，放在该书的第二部分。编排的逻辑依从六书，形旁为主轴，声旁系统随后。编者没有按欧洲音素文字自然语言的性质为西方人学汉字作任何改编。第一部分后面所附的98篇课文全部选用甲骨、金文铭刻，重“文”之意昭然。该教本是西方传教士编著的汉文课本里最为中国化的，重经、重古。另一方面，2083个生字里，有858个声旁字，占42%。按江学旺博士论文提出的西周金文古文字中形声字占59.9%，这个比例还更低些，印证所选的汉字应该断代在用形声创字的阶段，在象形、专注之后，与形旁创字相应。本书具有稽古并自觉或不自觉地偏向声旁创字法的特点。

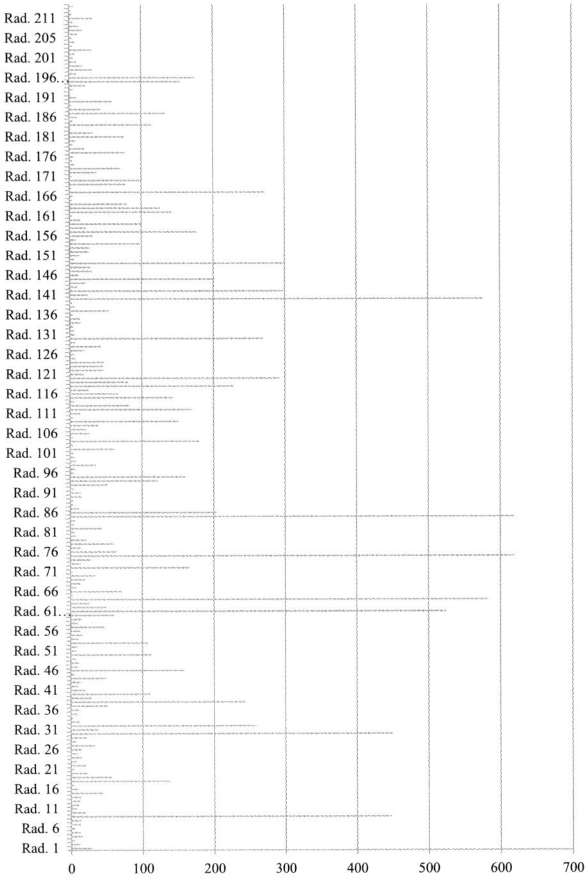

图 10　戴遂良编《中国文字：字源、文与词汇》之 214 个部首字数的分布示意图

制图：魏文科、刘曼

第二节　汪德迈、金丝燕《古文言读本》

汪德迈、金丝燕《古文言读本》[1]，2017年在法国出版。此书用传统经典的方法编写，按照中国古文学与今文学长期沿用的经史子集的系统由简入繁地深入，从骨到风，由远到近，由此突出中国古文学研究的历史整体观。汪德迈在本书序言中指出，本教程关于中国文化和中国文字的字源解释部分对那些不用为大学文凭学习的文化人是有吸引力的。教程中的字汇根据六书一一标出字源意义与结构。这是本教程最重要的特点，它不仅适用于学汉语的学生，而且响应文化人的兴趣。法国重要的乡土自然文学作家、农民诗人季奥诺（Jean Giono，1895—1970）生前就喜欢并怀揣戴遂良的古文字读本《中国文字：字源、文与词汇》逝世。法国思想家拉刚（Jacques Lacan，1901—1981），也通过该书发现中国语言，领悟到无意识与语言架构的关系。

---

[1] ［法］汪德迈、［法］金丝燕：《古文言读本》（*Manuel de chinois*），巴黎，友丰，2017。

图 11　汪德迈、金丝燕《古文言读本》

此部《古汉语教程》旨在满足法语国家大学生学习文言的教材需要。在 20 世纪尚存在类似的教材，如传教士 Henri Lamasse（1869—1952）编写的《中文书面语教程》(*Nouveau manuel de langue chinoise écrite*)，1920 年在中国印刷、法国出版。此书今已绝版。新型古汉语教材不断涌现，作者们在理论上对文言的特殊性作了阐述，但没有在阅读选本上下功夫。学生们需要具备阅读古文本的能力，古代典籍依然是中国文化的基石。

这一需要首先来自法语国家众多学习中文的学生，他们希望增加文化知识而非仅仅是为了实用。目前在法国大学和中小学有 5 万人注册学中文。本教材会在长时期内有效地满足需求，为那些不断增加的文化汉语学习者提供课本。

图 12　汪德迈、金丝燕工作照，2012 年春摄

《古文言读本》有 22 课，423 个字，其中 17 课选自十三经，一课选自《史记》，一课选自《道德经》，三课选自集本，经史子集，以经为主，以集次之。通过编写文言教本，把古文言的教学回归到经史子集的传统，从中国文字起源独一无二的特点“文”入手，用字形与六书归类的方式，重字源的第一释义和引申义，使初学者在与汉字的第一次接触中完整地接受中国文字所带有的历史和文化含义。

第一部分，17 课，选自《周易》《尚书》《礼记》《诗经》《春秋》。字的释义尽量上溯到源头——甲骨文或金文。按六书分类。对形声字，既释义又释音，形声声旁本身是有含义的，与表音文字的自然语言不同。文字学专家汪德迈与李国英已经深入谈到这一点。比如，“卦”字，一个“卜”，加声旁，但这个形声的声旁是有意义的，汪德迈认为它由“一”和“七”两个数字组成，“七”代表至极阳数，因此，“卦”是从“一七一七”来的，显示出一个卦象数字高度的抽象化。

第二部分，史部。我们选用了《史记》本纪的五帝本纪。《史记》法文版已经出版了，由三代汉学家完成。

第三部分，子部。我们选用了《道德经》。从文言字源入手，读者不是看《道德经》的大意，而是从《道德经》字意去理解《道德经》。由古文言“经”进入学习，经史子集的文本会顺一些。如果从“集”进入返回到经本，学古汉语，每一步都会很困难。

第四部分，集部。三个选本：《文心雕龙 · 原道》《古诗十九首》《长阿含 · 大本经》。《长阿含 · 大本经》汉译本的音译词生动体现了中古文言的变化和过渡，因此我们选入本书。

《古文言读本》共 423 个字，其中会意字 188 个，占 44.45%；形声字 150 个，占 35.46%；象形字 71 个，占 16.78%；指事字 14 个，占 3.31%；无假借字和转注字。[1]

---

[1] 白乐桑曾与金丝燕就表音兼表意的归类方法进行讨论，金丝燕认为不必重新归类，仍然用六书归类即可。

表4 《古文言读本》分类字表

象形：*71*

一、二、三、四、五、六、七、八、九、十、两、生、象、業、帝、文、堯、若、光、表、於、以、平、萬、禹、水、火、木、用、须、臾、也、不、曲、毋、身、言、行、老、王、子、交、臣、父、弟、事、来、乃、鹿、音、燕、有、士、工、而、齊、衰、干、享、已、玉、自、方、垂、山、川、高、才、花、丘、乞

指事：*14*

天、古、曰、允、上、下、土、之、夫、成、甘、且、勿、失

会意：*188*

儀、定、吉、兇、書、典、稽、勛、明、思、安、恭、克、被、德、族、既、睦、早、章、姓、協、黎、民、時、念、善、政、養、谷、正、利、厚、功、命、率、道、教、性、可、敬、辭、敖、长、欲、從、志、樂、决、疑、非、别、同、節、侵、好、質、取、學、為、公、選、與、能、信、使、幼、寡、皆、凡、世、内、發、仁、義、爭、兄、宦、師、班、朝、治、軍、官、法、威、祠、祭、鬼、神、退、詩、經、靈、臺、維、論、鼓、醴、嘉、薦、令、拜、尔、承、休、酒、既、加、孝、友、永、服、保、鳴、食、賓、瑟、吹、將、周、孔、視、則、琴、君、司、牧、貳、侯、卿、室、宗、庶、商、皂、輿、隶、圉、相、佐、黄、孫、名、弱、敦、聰、伐、暴、虐、弗、習、戈、咸、盈、如、其、莫、守、富、贵、遺、疊、仰、卑、位、參、秀、實、然、奇、攀、條、折、榮、香、路、致、是、衛、國、衆、後、我、舍、林、集、各

形声：*150*

地、卦、極、尚、放、欽、讓、格、俊、親、百、昭、和、邦、變、雍、哉、惟、在、金、修、叙、歌、謂、者、禮、離、俨、满、所、疏、嫌、妄、费、逾、侮、狎、践、往、賢、講、故、终、壯、矜、孤、廢、疾、歸、運、必、错、形、懌、温、訓、俗、備、辨、訟、莅、嚴、禱、祀、

供、給、誠、莊、撙、雅、虡、樅、賁、鏞、鐘、芳、受、祥、壽、考、忘、醮、旨、清、亶、始、俱、呦、野、苹、笙、簧、筐、蒿、恌、傚、式、芩、湛、過、度、諸、置、側、昵、輔、軒、轅、徇、敏、征、持、揣、锐、堂、驕、咎、遂、何、雜、圓、體、璧、麗、煥、綺、鋪、理、蓋、覩、吐、曜、俯、察、含、庭、樹、綠、馨、懷、袖、遠、物、但、感、祇、窟、佛、俱、譯

假借：0

转注：0

423 个字六书结构的比例如下：

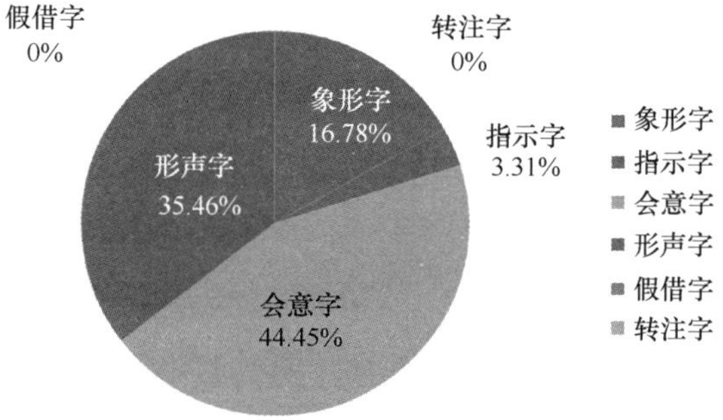

图 13　432 个字六书结构的比例示意图
制图：陈金秋

从选本上看，《古文言读本》有 22 课中有 17 课选自经文，上古汉语占绝对的分量。但较之戴遂良的甲骨文金文选本，《古文言读本》对中古汉语比较开放。从字形的

六书构成看，423 个字中，占 44.45%，显示出《古文言读本》的选本向上古汉语倾斜。另一方面，其形声字占 35.46%，而戴遂良的教本中形声字占 44.4%，说明那时上古文言已经通过会意和形声创造新字进入文言的现代化过程了。这一创造新字的方法从上古文言开始，直到今天，生动显示出文言极大的创字能力，从侧面证实中国文字无须经过字母化道路。与其他自然语言的古文字不同，中国古文言的生命力和创造力不仅不会阻断人们今天学习汉语，相反，它会为后者提供坚实的语言与文化帮助。

第三节　白乐桑《汉语语言文字启蒙》

《汉语语言文字启蒙》是一部简体字且突出口语的现代白话文教材[1]。

该教材设 21 课，每课含 11—27 个生字，总计 407 字。白乐桑首次在法国提出第一外语、第二外语、第三外语和

---

[1] Joël Bellassen，*Méthode d'initiation à la langue et à l'écriture chinoises*，Paris，Les Éditions La Compagnie，2008。

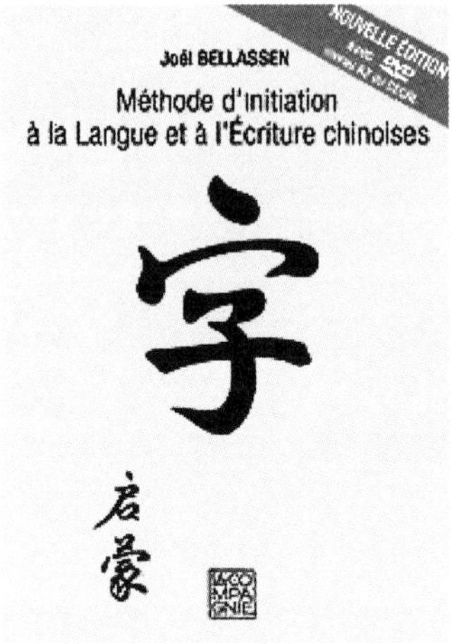

图 14 《汉语语言文字启蒙》封面

图 15 《汉语语言文字启蒙》的
作者白乐桑（Joël Ballassen）

国际班四个部分的汉语教学 400 字门槛。400 字门槛表如下：

包、不、才、长、车、川、大、带、儿、飞、共、侯、夫、高、工、果、虎、火、几、己、京、九、口、来、老、乐、了、两、六、龙、马、毛、门、米、南、能、鸟、牛、女、片、人、山、身、升、事、手、水、它、田、万、王、网、文、午、西、象、小、心、羊、也、一、衣、以、用、又、鱼、月、主、子、自

八、白、本、东、二、方、非、父、黄、回、久、孔、立、面、民、平、七、千、区、日、气、肉、三、上、少、十、四、太、天、五、下、言、音、雨、元、只、中

安、百、班、半、报、北、比、笔、便、别、茶、差、成、出、春、从、得、第、定、冬、对、多、法、分、服、告、哥、公、古、光、国、好、黑、后、画、化、鸡、会、家、间、见、教、秋、今、金、脑、你、酒、就、开、看、可、累、李、里、连、买、卖、没、美、梦、名、明、拿、男、您、朋、皮、票、前、青、如、色、商、什、生、师、时、是、市、室、书、睡、算、同、图、外、为、位、我、无、喜、先、香、些、往、信、行、息、现、姓、学、兴、休、医、意、因、有、友、再、早、找、这、要、着、真、知、祝、夜、正、走、最、作、做、坐

啊、爱、把、吧、办、杯、边、遍、病、菜、常、场、唱、城、吃、处、次、错、打、当、到、道、的、等、底、地、点、电、店、懂、动、都、饿、发、饭、房、放、份、风、干、刚、钢、歌、个、更、给、跟、关、馆、广、贵、过、还、孩、海、汉、喝、河、和、很、红、湖、花、话、欢、活、机、江、讲、饺、叫、近、进、旧、觉、课、刻、快、筷、块、冷、离、凉、辆、零、楼、路、吗、慢、忙、么、每、们、每、哪、那、难、呢、年、念、旁、期、骑、起、汽、钱、亲、清、去、然、让、热、认、谁、声、识、始、收、说、思、诉、虽、岁、所、他、她、疼、提、题、体、听、头、完、晚、忘、问、物、想、像、校、鞋、写、谢、新、星、醒、呀、阳、样、药、影、硬、语、园、远、院、在、怎、站、张、钟、种、重、住、庄、字、租、昨

《古文言读本》与《汉语语言文字启蒙》教本，前者为繁体字，以经史子集的体例编写，共22课，423个生字。后者用简体字编写，以白话文对话为主，21课，列出400个字。

表5　两本教材基本信息对比一览表

	《古文言读本》	《汉语语言文字启蒙》
生字数	423	400
字形	繁体字	简体字
课数	22	21
语言	文言 / 书面语	白话 / 口语
课文	古文	对话体叙述

制表：刘曼、陈金秋

两部教本在字数和课数上相近，体现出对当今汉语教学需求的回应。我们对白乐桑《汉语语言文字启蒙》400字门槛作了字源结构分析、归类。

我们按六书分类对《汉语语言文字启蒙》400字进行统计，其中会意字125个，占31%；形声字168个，占42%；象形字70个，占18%；指事字37个，占9%；无假借字和转注字。

表 6 《汉语语言文字启蒙》中 400 字表字源统计表

造字法	数量
象形	70
指事	37
会意	125
形声	168

陈金秋统计并制表

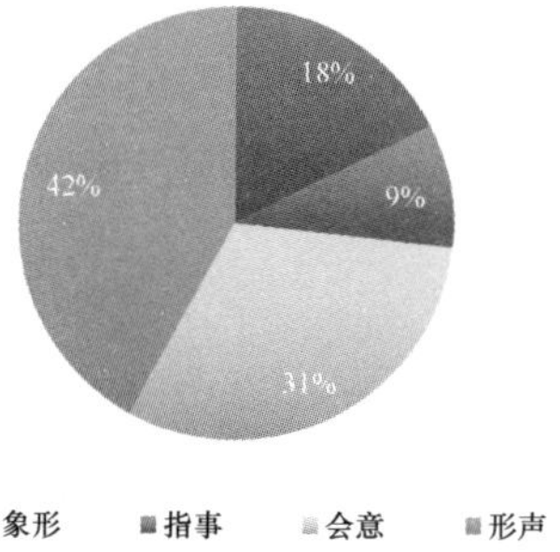

图 16 《汉语语言文字启蒙》400 字表字源比例图
制图：刘曼

表 7　两本教材汉字字源构成比例一览表

	《古文言读本》	《汉语语言文字启蒙》
字源构成比例	会意（188）：44.45%	会意（125）：31 %
	形声（150）：35.46%	形声（168）：42 %
	象形（71）：16.78%	象形（70）：18%
	指事（14）：3.31%	指事（37）：9 %

制表：刘曼、陈金秋

《古文言读本》和《汉语语言文字启蒙》两者的形声字比例分别为 35.46% 和 42%。作为现代白话文教本的简体字《汉语语言文字启蒙》，其形声字的比例与西周金文时期形声字的比例 59.9% 最为接近，低于《说文解字》和《康熙字典》中形声字比例。而古文言经典、繁体字的《古文言读本》，其形声字 35.46% 的比例要高于甲骨文时期的比例。

学者李孝定在殷墟出土的甲骨文中选出已辨识的 1156 个单字，并对其作六书分类统计，其中形声字有 334 个，占 27.24%[1]。江学旺在其博士论文中统计西周金文古文字总数为 1753 个，形声字有 1051 个，占 59.9%[2]。法兰西斯 . 约翰（Francis John，De）统计出东汉许慎的《说文解字》字数为 9353 个，其中形声字有 7697 个，占 82%[3]。杨静对清代《康熙字典》作了统计，总字数为 47053 个字，其中形声字 42300 个，占 89.9%[4]。

---

❶ 李孝定：《中国文字的原始与演变》（上篇），出自《"中央研究院"历史语言研究所集刊》，1974，第 45 本第 2 分册，第 343—396 页。

❷ 江学旺：《西周金文研究》，南京大学博士学位论文，2001。

❸ Francis John，*Visible Speech: The Diverse Oneness of Writing Systems*，Honolulu，University of Hawaii Press，1989，P99.

❹ 杨静：《形声字浅说》，原载《武汉教育学院学报》，1987 年第 2 期，第 53—58 页。

表 8　不同时期形声字数比例一览表

朝代	数据资料来源	字数	形声字	形声字比例
殷商	甲骨文	1156	334	27.24%
周	金文	1753	1051	59.9%
汉	《说文解字》	9353	7697	82%
清	《康熙字典》	47053	42300	89.9%

制表：刘曼、陈金秋

随着年代的推进，汉字的形声字比例逐渐上升。殷商时期经过辨识的甲骨文中有 27.24% 的文字是形声字，这一比例在金文中就上升了一倍，为 59.9%。《说文解字》中形声字的比例是 82%，《康熙字典》中该比例上升为 89.9%。

《古文言读本》所含的会意字比例最高，为 44.45%。而李孝定所统计的甲骨文六书分类中，也是会意字最多，占 32.3%；形声字第二，所占比例为 27.24%。因此，《古文言读本》的字源构成比例与甲骨文时期相近。

《汉语语言文字启蒙》所含的形声字比例与金文形声字比例相近，这意味着什么呢？两部汉语教本有古文与白话文、书面语和口语的区别，其所含生字的形成结构显示出二点：第一，早在甲骨文金文时期，古汉语就已经开始用形声的创字法，在《说文解字》时代达到第一次高潮。今日汉语口语中所用的形声字比例与《康熙字典》中形声字的高比例是同一取向。《古文言读本》体现的语素结构是古老的，先于《说文解字》和《康熙字典》时代。第二，《古文言读本》所含的会意字占第一位，其字源构成用的是早期六书创字中最为常用的会意法。而《汉语语言文字启蒙》中的会意字少于形声字，这与其本身是白话口语课本的性质相关。

我们在跨文化学框架下就法国古汉语与现代汉语教本来看法国的期待视野。法国是怎么样来看中国的，怎么来教我们中国的语言的？这是一个期待视野的研究问题。汪德迈在《中国思想的两种理性：占卜与表意》第四章，谈到表意文字的理性化是中国文字的一个特点。这样一个特点就意味着中国的非自然语言与其他的自然语言之间的区别。中国文字从会意、形声开始的创字法证明它不可能走拼音文字路线，而后者纯粹是口语的文字记录，哪怕是表意字（也就是自然语言），拼音文字也是其必然导向，但中文自有系统化的构建，其文字的演变和导向是逐渐推进表意文字的理性化。第一，文字的表意借此途径实现理性化。第二，中文通过形声字以及其他造字方式找到了发展模式。表意语言成熟期就是许慎字典所录入的那种表意语言达到的状态，结构理性化用力很大，这样一种理性化通过简约，逐渐地由形声造字法去造字，去统一字汇生成的不同方式。所以，形声字造字，不是拼音文字的方向，恰恰是中国文字的方向，这是汪德迈先生提出来的。郑德坤的观点是汉字的字汇95%以上是由形声字组成的，许慎时代是81%。我们汉字的构件，新词的构件，已经开始以形声字为主了，所以汪德迈的判断是对的，不需要走拼音文字的道路。三个教本，三个资料库，第一是戴遂良神父的教本，2083个生词里头858个形声字，占44%，高于甲骨文时代的比例，低于许慎时代的比例，由此可以判定，中国创造新字的能力在甲骨时代已经形成，这非但没有影响中国文字的抽象化，恰恰相反，为中国文字的逐渐发展提供了极大的可能性，汪德迈因此提出一个问题，为什么如此强势、占字汇95%以上的形声字的事实还不足以让中国文字研究者对本国文字有信心。我们新文化运动时代的那些文人们，包括20世纪50年代前后的拼音文字推行者，为什么提出要走拼音文字的道路呢？

同音借用字加上区分音符，是形声字的原形。只需系统地将区分符标准化为字的偏旁，将同音借用字变为发音，即可成为纯粹的形声字。这一系统化是否就像那些坚守普世理论的人所以为的那样，会走从表意文字演化到表音文字的路子呢？汪德迈认为绝非如此。在他看来，如果真的存在一种导致中国表意文字有此走向的历史普世法则，其必要性也会是极为相对的。今天，形声字（上溯到甲骨文）出现后3000多年，中文始终用表意书写，因为形声字的构成完全没有依照这一所谓的法则。倘若形声字依照该法则，中国表意文字本来应该从表意向表音系统化演化，逐渐缩减为少量音素符号。而当代中国文字所用的音素，据20世纪苏慯尔的统计，达886个[1]，这与音素符号的简约相差甚远。这跟西方的26个字母，52个音素符号，相差很远，无以简约。

形声字也有表意性。形声字是表意文字得以延续的上策。汪德迈认为，中国当代文字所用的声旁（法文是"音素"），尽管95%的形声字，形声部分富有含义，却完全不是自然语言或者是拼音语言可以相类比的。汪德

[1] W. E. Soothill，*The Students's Four thousand 字 [sic] and general Pocket Dictionary*，Routledge & Kegan Paul，London，第九版，1949。苏慯尔（W. E. Soothill，1861—1935），来华传教士，牛津大学中文教授。

迈认为，把中国表意文字的形声机制诠释为具有向表音文字发展的意义，就把事情完全弄拧了。使用形声，完全不是表意文字转向拼音文字的开始，相反，是化解会意创字的困难，使表意文字得以延续的一个上策。中国文言从各方面完全的理性化、标准化，它不仅不会为了书写与阅读的便利而向拼音文字让步，相反，它要印证一种深入事物之宇宙意义的占卜力量，直到今天这一传统还是保留的。在这个意义上，同音字的声旁在语义上有交汇，这声旁有语义的含义。自然语言（比如说字母语言）当然是诠释世界的解码，但是，这样一个口语词源群所带有的解码对于思想是没有任何支配力，因为他完全不可以再视读，所以汪德迈提出，中国的语言是思想性的语言，它不仅是个代码，他本是就含有跟宇宙相关的信息。

期待视野框架下的法兰西接受研究中，古文言读本、汉语教本是一个重要的平台，研究这一问题的困难，不在于摸底和汇集——谁都能做到这一点，而在于对资料库的跨文化性研究。法国对中国的文字、文本、文化传统是如何接受的，本章所提出的三个教本案例研究，对此作了勾勒。以表音文字为背景的法国，对中国文字的期待视野在自觉地接受会意字与不自觉地接受形声字之间游移。自觉地接受，指的是有意识地着重关注中国文字结构与表音文字的不同性质，即特殊的表意文字“文言”之会意或形旁创字法，这是从传教士到今天法国汉学的倾向。接受形声字的不自觉性，指的是法国接受者出于自身语言习惯，自然而然地亲近汉字中的形声结构。

研究两种文化如何相遇，两种文化相遇体现了什么，学科性的意义在什么地方，这三个问题是研究的地质，绝对不能跳跃。通常，研究在地质这一层停下，开始做阐述，所谓回到原点。确实应该回到原点，但其实不是回到，而是出发。比如国学，从哪个地层进去，文史哲？文字学？声韵学？训诂学？宗教学？语言学？社会学？这都是学科性的意义。跨文化学的大框架，是在后面这一部分，在坚实的史料地质基础上开始。

第一，文化相遇的类型是什么？第二，非相遇不知的创造性在什么地方？这三个文本的创造性在什么地方？人类文化史，而非中西框架下的文化史，其地质是怎么形成的？北京师范大学跨文化研究院自2015年开始，请各个学科的优秀学者来讲学，希望能够通过一定的时间，扫描人类文化史的地质。文化地质的扫描旨在探索人类文化史给我们的启发。这是我们在跨文化学大框架下需要做的工作。要重归历史时代的大框架，研究要有思想性。戴遂良神父的教本注重文字学，白乐桑的教本也是文字学，其白话教本所含的400字的门槛，形声字比例与白话的形声字比例为同一取向。我们看到，法国是如何导入中国文字，它的期待视野怎么样，提出论题框架，继续进行研究。

以下是汪德迈、白乐桑、王宁三位学者在北京师范大学“2016年跨文化学研究生国际课程班”对话的要点。

汪德迈：我们主要是为了帮助学生，为什么我们这样强调中国字源，是因为能有效地帮助学生记字。汉字之所以还可以继续存在，是因为比较容易记，构建得非常好，带有一定的科学性。比如会意字。

白乐桑：汪德迈先生在汉学界最重视用汉语沟通，这几天他一直坚持用汉语讲课，我也很早用现代汉语现代教学法。金丝燕老师到我家里来，我书架上伸手可得的有王宁先生训诂学方面的书，也有汪德迈先生1977年在巴黎第七大学发表的关于文字性质的一篇文章。汪德迈先生的观点比较独特，与我的汉语教学法和汉字教材编写有关系。

关于戴遂良的教本，我认为它的法语描述非常纯正，对我们那个时代的学习者帮助很大。想请教王宁先生，我一直对表音兼表意的形声字感兴趣。我发现法国汉语语言学界，特别突出形声字，比例可以达到百分之八九十。今天金老师展示的统计数据，就是形声字的频率。我一直认为教学离不开字源频率。形声字的比例揭示的可能是语言学界和汉语界存在的隔阂。如何归类？是形声字？会意字？抑或都是？

王宁：我听完以后非常震动。对外跨文化的教学确实有一些很新的理解，以前我不太关注这个东西。我们现在慢慢地把自己的一些观点梳理出来，希望能够把中国真正的东西弄出来。我今天听了三个案例分析，确实有很深的体会，不是以汉语为母语的人怎么去理解汉字，这个问题我们以前确实想得少。后两个案例我觉得比较亲切，尤其是那个古文教本，基本上就是我们的路子。白乐桑的《汉语语言文字启蒙》，是现代汉语的教法，我也有相当认同的地方。

三个教本都是中国通做的，对如何使中国文化进入法国进行对话有特别深刻的理解。这与我们中国人写的对外汉语教学的教材不是一码事。只有这么教，法国人才能学会。

在国内，近一个世纪以来有一些争论。有一种理论叫作世界文字三阶段论，另一种理论是从我这开始提出来的，叫两象论。三阶段论认为世界文字经过三个阶段，从表形文字到表意文字，然后到了表音文字才是最高点。这一理论在中国20世纪80年代以前非常盛行。因为有了这样一个理论，中国文字必须走拼音化的道路就有理论支撑。这是我们教材的主流。

我的前辈老师当然是不赞成的，但是他们都没有说清楚缘由。我提出，世界文字的发展是两象论，就是从表形文字开始，甲骨文这种类型，从图画文字开始，它朝两个向度发展，一向是走拼音，另一向是走表意，表意当然也就是表形。为什么走拼音？因为它的语言本身是形态语言，会有一些词头词尾来表示语法形态，这种语法形态没有音是不行的，所以就走了拼音文字。比如在大河流域的这几种古老文字，基本上都是把自己的古文字丢弃掉了，然后走拼音文字的道路。不管它是改的，还是慢慢变的，它都要走这条路，因为不走这条路，语言本身在构词形态和语法形式方面的问题没有办法解决。

汉语是最典型的表意文字。我们说它是表意文字，其实包括表形。表意文字就是因为汉语的语言本身是一个词根语，它没有附加的东西，任何要加的东西，它都要用一个字来表示，比如时态，现代会用“了”“着”“过”来表示，在古代连“了”“着”“过”都没有。你是做完了还是没做完，要从句子的意义里面去看。它也有内在的一些语音的问题，被汉字一掩盖都看不到，所以汉字本身的方向就是表意的。到了表意不再往下发展，再往下发展到表音不可能，事实说明不但不可能，而且改它都没法改。如果改成表音文字，那么多的同音词，汉字本身是有别词作用的，而且汉字本身参与汉语词汇的构造。汪德迈先生认为是理性化的，本身是带有哲理性的东西，改不了。我曾经举过一个例子：凡是从禾苗的“禾”字的字都带有和谐的意思，那个不是禾苗的“禾”本身的意思对它产生了作用，是禾苗的“禾”里面的向，我们叫取向对它起了作用。还有，構造的“構”字，凡是跟构造有关系的字，都有结交的关系，比如说，阴溝的“溝”，是因为沟渠本身是左右相交的。它有角的意思。婚媾的“媾”是因为有不同性的人要在一起，也是相交的意思。讲话的“讲”，它念“jiào”，因为后来到江部去了，所以它变成 jiǎng，这个讲话的“讲”一定是对话，我讲话要有人听，而且“讲”有习的意思，就是讲习，讲习本身就是一定要有不同的人在那练习，所以它是一种技术沟通。

我们再看，相遇的“遇”字，这个构字，是两个人在不同方向上坐到一个地方，也有相交的意思，这个相交的意思不是那个构字带来的，是构字的那个音在造词的过程中间带来的。这就是汪老讲到的，汉语词典是一种知性的东西。它从知性变成字以后走向理性。所以，汪老说，它先是一种感性的东西，从感性的东西到知性的造词，造了词以后，字本身有概括性，所以它就带点理性。

我可以举无数汉字的例子。章太炎的《文史》专门写字和字之间的词源关系，不是字源关系，是词源关系。我回答刚刚白乐桑老师讲到的形声兼会意，我们不承认形声兼会意，认为《说文解字》这个说法会误导。形声字的声符代意，是词源问题，不是两个词意的交流。“燃”在王筠的《说文释例》里面，它叫累增字。为什么会累增一个火字呢，本来底下的四点水就是火了，上面是一个烤肉的形态，下面是四点，就是已经有火了。因为

“然”字变成了一个虚词，那个火原意给区分出来了，这是汉字的区别率起的作用。这种东西很多，不是变成了形声字的“火 + 然”，它是从火然声。我们有一门专门的课程叫作汉语词源学，汉语词源学讲这个声符为什么带意，声符所带的意不是会意字的意，是它的词源意义，词源意义是它构词的取向，不是它的语言意义的表现。把这两种东西分开，我们就知道形声字的问题。

形声字确实是汉字发展的一个方向。为什么形声字也是表意字，不是表音字？我在《汉字构形学》里，对于形声字的产生作了讲解。形声字的产生，第一种是为了解决象形字不像了的问题。我们常常忽略汉字发展里面书写的作用。一书写它就不像了。比如，“鸡”，画一只鸡，但是那个鸡画的跟鸟没有什么区别，画一个凤凰也是有翅膀，虽然头上有一个冠。到了甲骨文里面，慢慢变，这个样子不像了，于是就加一个意符，或者加一个声符，原来的字就转化为声符。大量的声符是转化的，不是作为声音拼上的。所以，形声字在方言盛行的情况下，在古今音变的情况下，就不象形，就是形声字不能引读。如果在国外教学中，把形声字的声符拿来教给大家读，绝对麻烦。所以，形声字的声符，我们从来不叫表音，我们一直说它是释音，它以一个近似的声音来表示一种区别，因为这边同类的意符都是同类的，它以一个意符的声表示区别。

我们认为，在汉语里面，没有形声兼会意这一说，都是形声字。有些声符有释源功能，有些声符没有释源功能。我想把这个概念弄清楚了，就不会把形声字和会意字混同。这是在汉字发展过程中我们的一个想法。为什么形声字会变得这么多呢？因为汉字本身有一个孳乳造字的过程，甲骨文里的形声字，一直到现在，我们用计算机统计的结果仍然占 27%，这个统计是完全正确的，到现在都没有什么改变。大概我们统计小数点后面两位有一些差别，我们用计算机来统计，而且是一个字一个字来分析的。形声字为什么只占 27%？因为它的系统没有形成，个体比较多。因为表形字是一个一个的字，是个体性的，所以它形声的东西就少。到了《说文解字》，我们的统计不是 81%，是 87.9%。这是因为《说文解字》不是用现代音来表示，而是用古音来表示的，而古音本身也有方言问题，所以如果我们进一步来研究形声字的声符，形声字占 90% 的情况应该不差。但是各位的课本都不是全程统计，不是拿着所有的汉字来统计。

那么为什么会意字会大于形声字，我有一个特别的体会。对于母语不是汉语的外国人来讲，他们重视汉字的形，汉字没有音就没辙，要用音来说，但是，汉语的音里头还有调子，外语都没有调子。因此，从形来看汉字，来寻找规律，这是外国人学汉字的一个最基本的东西。我今天有一点服，我觉得确实是字本位。以前我认为叫字本位不合适。我们在国内把字本位研究得一塌糊涂，很多说法扰乱了这个概念，现在我觉得这种教学法是字本位。我先说戴遂良的教本。它从“干”字说下来，“干”字跟辛苦的“辛”是有关系的，跟幸福的“幸”没有关系，跟现代汉字里面的“干”字更没有关系，跟缝衣裳的那个“制”字一点关系也没有。但是联系起来看，从形体往下走，一个跟一个就下来的。我觉得是形本位。在形本位里面，就必须用法文去讲它的意义。如不讲这个意义，完全从形了以后，那“干”字跟“制”字的关系还能说，因为缝针还可以说，但跟幸福的“幸”字，不就麻烦了么。所以在这种情况下，要用法国的说法。有了法国的说法，他（她）看这个字，而这个字本身有相似性，它一串就学下来了。我觉得，这是好办法。以前我们不会这么想。因为学汉语的人，自己有语言，有音又有意，就从意上走了，直接走没有困难。所以我觉得戴遂良教本的特点不是部首，是形似部件。里头有部首，凡是部首，都放在第一个。然后顺着往下走。这个办法对于国外的人，对于不是汉语母语的人是好办法，很成功。

汉语课本，一上来就教字，我觉得完全正确。先认识字以后，拿字去谈词。有了课本以后，看着课本说事，又能记、又能想、又能说、又能组合，我觉得这个课本是很重要的。到了白乐桑这个教本，我觉得就发展了。那个初级班，刚才白先生说是学400个字，拿现代汉语来说事，用现代汉语交流。所以这种情况下，他就把部件分析出来了，这个部件分析比戴本有进一步的汉字结构观念。

但是，在造字的部件中，也有一些是非字部件。比如说“扌”，我们很多的部首本身已经变形，有非字部件。如果我们想知道非字部件和成字部件怎么合起来，非得进入古文字不可，你不进入古文字，就不知道它怎么变成这个的。它怎么从行书字，这个手字变成提手。我觉得我们现在拿字频和笔顺来说事都不对。我的观点：汉字的书写单位是笔画，汉字的识别单位是部件，它们不是一个东西，把这个部首部件拿来再拆成部首、笔画就不能认识了，因为笔画不是汉字的识别单位。笔顺对于识字来讲没有意义，对于写字没有绝对意义，写字我们只要记住规则就行了，但是国家语委为什么要做一个笔顺规则呢，是为了查字和排序，必须严格，谁在前，谁在后。现在拿这个规则来写字，而且还拿来教人识字，我觉得这就是个误区，没有很好地去认识汉字。

白乐桑老师的这种统计和测算是很科学的。我有一个建议，一定要把那些非字部件转成字，告诉他（她）“手”字单独写的时候和变成偏旁以后，是在书写规则上变的。这样的话他（她）就知道“扌”是怎么回事了。我觉得从戴本到白本是一个很大的进步，这个进步是对汉字结构科学认识的结果。

最后来说《古文言教本》。我觉得该教本是非常好的一个传播中国文化思想的载体。汉字是更适合于文言，而比较不适合于白话。因为汉字是在文言阶段产生的，所以能够跟文言切合。中国的经学有一个文化传承。经学的语言一直在模仿。经学在中国的影响力度，我觉得大概相当于《圣经》。我们看到，到了魏晋时代，佛经已经进入了，所以那个时候就是近代汉语，它已经跟佛教相互影响。佛经是要传播的，它要传教，要从口头说。但是，魏晋的第一部文学的著作《昭明文选》李善作的注，他不讲这个字为什么，他告诉你这个词来自于哪个经上的哪个词。到了《文心雕龙》,《文心雕龙·原道》尊经，文言文跟着经学走，跟着中国的思想文化走。一直到了唐代，本来已经口语的话本都出现了，但是仍然返古。唐宋八大家是占主流的，但仍然返古，学习古代的东西。我们把这两种语言做了一个对比，语法没有任何差异，只是句子加长。在这种情况下，到了清代人写诗，清代人作文，清代人写科学文章，仍然是用文言写的。清朝人的《聊斋志异》已经在说故事了，仍然是文言，而且跟《左传》和《史记》的词汇基本一致。所以，这样的一个非自然语言不跟着口语走，就更适合于古代。

《古文言教本》用汉字来教，我觉得严丝合缝。我觉得这是一种智慧，你没有汉字还真不行，而且我觉得这个教本里面的比例，有相当一部分是跟古文字比例相合的。因为那个时候形声字本身以会意和象形为中心，就是表意，音已经没有了。形声才开始有音，汉字到了有音的时候，一个字顶两个字用，同样一个字，既表音又表意，在结构方面出现大量的系统化。形符为少数，声符反而多，因为声符本身起区别作用，同时它有释源功能。这些东西都非常合乎汉字的规律，合乎古代文字的规律。

教本用汉字来打头，既讲了字，又讲了中国的思想文化，又讲了文言文里面所有词的意义，三者合流，这是传播中国文化最贴切的一种方法。

文言文奠定了白话文词的基础。白话文里面一个一个的字都有意义。所以有了文言文的基础，再学汉字和现代汉语，应该不用愁了。我前些年在国外跟一些汉学家接触，我觉得很奇怪的是，他们能够用古汉语跟我说话，但是他们不懂白话。有一个位很著名的汉学家能背《论语》，但他听不懂中国的现代话。不过，他有了那样的基础，你跟他一说汉语的事，他就一本清账，因为古汉语已经奠定了汉语的基础。

金丝燕老师和汪德迈先生编的这个《古文言教本》是个高级的东西，就是先要学古汉语，他学了古汉语以后再学现代汉语。按照发展的顺序，有了文言，懂文言的人研究汉语词汇没有困难。不懂文言的人，研究汉语词汇就糊涂。我举个例子：圆圈，我说“圆”是一个词素，不是一个词，因为圈本身就含有圆的意思，没有方圈，也没有尖圈，把圆圈里面“圆”的义素已经拿出来了，显性化了，没有古汉语基础的人就想不到这个偏正式跟那个不偏正式是一个意思。至于我们怎么样去讲一个字的一些微观问题，我觉得还可以做得更准确一些。

第二章

18 世纪至 20 世纪初法国汉学中的佛学研究[1]

本章两个资料库摸底工作的背景是文化批评。汪德迈先生认为，文化批评模式有两个，一个是冲击—反应（choc-réaction），一个是接受—选择（réception-sélection）。文化批评模式一“冲击—反应”，导致的是一种“忍受的文化”（la culture subie），这是引用汪德迈的观点；文化批评模式二“接受—选择”（réception-sélection），引发的是“选择的文化”（la culture choisie）。我们的整个工作是在模式二上进行的。通过法国汉学家的研究面看法国汉学对中国的选择是怎样进行的，选择了什么？今天的法国汉学和五六十年前，乃至和 18 世纪的法国汉学不同，但也有共通点，即他们并不在被迫的、

---

[1] 本章由北京师范大学中国民间文化研究所研究生王文超根据作者讲稿录音转录，作者在此基础上进行了补充和修改，特此说明并向转录者致谢。

被冲击的情况下进行。这和中国不太一样，中国19世纪以来的文化接受带有被冲击的背景。法国对中国的接受是在选择的文化框架下进行的。相异性的研究不排除忍受的文化，忍受的文化和选择的文化都是研究的视角。只是在研究中要清楚，你的研究最后展示出来的是忍受的文化还是选择的文化。由于法国汉学不是官方设定的，没有经历战争，所以法国对中国的文化接受是一种选择性的接受。

忍受的文化由文化交流、比较、直接相碰的要素沉积而成。研究者重视的是被他者冲击而产生的反应。忍受的文化的特征是重力大于活力，接受者需要借助给予者的力量"得到"活力。大部分文化的相遇属于忍受文化。选择的文化是在文化产生中寻找令接受者感兴趣的东西。在这个层面上，接受研究领域里关于异托邦的研究在这一层很有意义。大家可以看汪德迈先生的《笔者研究中中国"异托邦"的方法论原则》(《跨文化对话》第23期，2008年)。

忍受的文化反应有它的接受理论，选择的文化重视期待视野研究（horizon d'attente)，主要是相异性的研究。

欧洲佛学研究有三本刊物曾起了重要作用：①《佛教

书目》(*Bibliographie bouddhique*，1928—1958)，为欧美、日本学者有关佛教的研究论文目录。法兰西远东学院院长培其尔斯基(Jean Przyluski，1885—1944)任首位主编，藏学家拉露(Marcelle Lalou,1890—1967)❶继任。②《汉学与佛学丛刊》(*Mélanges chinois et bouddhiques*, Bruxelles: Institut Belge des Hautes Etudes Chinoises)，1931 年创刊，比利时汉学研究所主办，比利时佛教学者布桑(Louis de La Vallée Poussin，1869—1938)❷任首位主编。1939—1945 年，二战时只出版一卷(第 7 卷)；战前为年刊，战后基本上三年出一卷。③《法宝义林》(*Hôbôgirin-Dictionnaire encyclopédique du bouddhisme d'après les sources*

---

❶ 玛赛乐·拉露(Marcelle Lalou，1890—1967)：法国西藏学家。

❷ 又译为普珊、蒲仙。比利时佛教学者，列维的弟子，并师从巴特(A.Barth)、克恩(J.H.Kern)。精通梵语、藏语、古汉语。1893 年，任比利时甘德(Gand)大学教授。1921 年创立比利时东洋大学，创刊《中国学佛学》杂志(*Me/langeschinoisetbouddhiques*)。布桑曾校订出版《入菩提行论》(*Bodhicarya^-vatara*)及般若伽罗末提(Prajñākaramati)的注释(1901—1914)、龙树《中论颂》及月称《中论释》(*Prasannapada^*)、藏译《入中论》(*Madhyamakāvatāra*)。将《入菩提行论》《俱舍论》《成唯识论》译成法文。论著有《佛教——研究与资料》(*Bouddhisme: Etudes et matériaux*，1898—1918)、《涅盘论》(*Nirvānā*，1925)、《佛教的道德》(*La morale bouddhique*，1929)、《佛教之教义与哲学》(*Le dogme et la philosophie duBouddhisme*，1930)。

chinoises et japonaises），佛教百科性辞典，集汉文佛典研究。法国佛教学者莱维（Sylvain Levi 1863—1935）、戴密微（Paul Demiéville，1894—1979）与日本学者高楠顺次郎（Takakusu Junjiro，1866—1945）于1929年创刊（fascicule 1, 1929—1930；fascicule 2, 1930；fascicule 3, 1937；fascicule 4，1967；fascicule 5，1979；fascicule 6，1983；fascicule 7，1994）。从1962年起由戴密微主持，已经出七卷，以法文字母为序，出到了法文字母O。

欧洲佛学研究传统上注重南传巴利佛教，以英德学派为主，重镇是"巴利圣典学会"（Pali Text Society），始建于1881年，注重巴利佛典的整理与研究论著的出版。

法国的佛教研究有近200年的历史。比尔努夫（Eugène BurnOuf，1801—1852）为最早开拓者。汉学界佛教研究始于雷慕沙（Abel Rémusat，1788—1832），继之者是儒莲（Stanislas Julien，1797—1873）、安东尼.巴赞（Antoine Bazin，1799—1863）、沙畹（Edouard Chavannes，1865—1918）、伯希和（Paul Pelliot，1878—1945）、马伯乐（Henri Maspero，1883—1945）、葛兰言（Marcel Granet，1884—1940）、莱维（Sylvain Levi，1863—1935）、勒内·格鲁塞（René Grousset，1885—1952）、谢

和耐（Jacques Gernet，1921— ）。

法国的佛教研究重心在梵语文献、大乘佛教和佛教考古学。研究机构有巴黎大学文学院、法兰西公学院高等中国研究所、国立东方语学院、巴黎高等社会科学研究院、法国远东研究所等。巴黎国家图书馆东方文献库、集美博物馆、法兰西公学院高等中国研究所有佛教文献与文物收藏。

法国学者伯努夫以尼泊尔的梵文原典和锡兰的巴利文原典为基础研究佛教的基本教理并进行校勘；儒莲翻译《大慈恩寺三藏大法师传》和《大唐西域记》，参照梵文对《大唐西域记》一书中的地名进行考证；莱维研究唯识学、校勘《中边论颂》，法译《大乘庄严经论》，出版《唯识二十颂》和《唯识三十颂》注疏，以及安慧的《唯识论》疏；法国汉学家如雷诺、戴密微、谢和耐等对梵文文献和敦煌文献，于阗文、龟兹文、回鹘文、粟特文等文献进行研究、翻译、考证注疏，形成法国汉学佛学研究的一个学派。

我们通过对两个资料库的摸底，对 19 世纪至 20 世纪中叶法国汉学界佛教研究的梳理，勾勒出近 200 多年来法国汉学研究的状态，它的历史和关注点，为接受研究范畴中的法国汉学对中国佛学的期待视野提供一个研究案例。

第一节　19 世纪法国汉学研究的期待视野

19 世纪的法国，对中国的关注极为广泛。欧洲启蒙时期产生对“他者”的好奇心是一个重要因素。中国文学在广义上继续被接受。广义，是指文史哲为一体的中国之文。此时的文学接受包含佛典与佛经故事翻译。

佛经法译始于法国学者伯努夫（Eugène Burnouf，1801—1852），1834 年他在法兰西学院开设梵文课，将《妙法莲华经》由梵文译成法文（*Le lotus de la bonne loi*，BNF YA-353[1]），为汉学界研究佛学起了启蒙作用。伯努夫从少年起随父亲学梵文，对知识有极大的好奇心，后学波斯、巴利、古楔形文字，1826 年他与挪威学者拉森（Lassen，1800—1876）发表《巴利语论考》（论巴利语或恒河以东的半岛圣语），介绍欧洲学界对巴利语的研究

[1] “BNF YA-353”，为法国图书馆的索书号。

情况。1834年他在法兰西学院开设梵文课。1844年他出版了《印度佛教史导言》，对171部梵文贝叶经做了研究，该书研究佛陀和佛教的教义，尤其介绍了《般若经》《楞伽经》《华严经》《金光明经》《法华经》等大乘经典，为欧洲的梵语经典研究奠定了基础。1852年，《妙法莲华经》由梵文译成法文。❶

法国首位汉学教授阿贝尔·雷慕沙（Abel Rémusat，1788—1832）于1826年在巴黎出版所译《玉娇梨》（*Iu-Kiao-Li*，*ou Les Deux cousines*），1827年编纂出版三卷《中国短篇小说》（*Contes chinois*，traducteur：Francis Davis，Thoms，Le P.d'Entrecolles，etc. BNF Y2-61862），1836年出版《佛国记》（*Foĕ Kouĕ Ki-Relation des royaumes bouddhiques. Voyage dans la Tartarie, dans l'Afghanistan et dans*

---

❶ 伯努夫重要论著与译作：

- *Essai sur le Pali* (1826)
- *Vendidad Sade, l'un des livres de Zoroastre* (1829-1843)
- *Commentaire sur le Yaçna, l'un des livres liturgiques des Parses* (1833-1835)
- *Mémoire sur les inscriptions cunéiformes* (1838)
- *Bhâgavata Purâna ou histoire poétique de Krichna* (3 volumes, 1840-1847)
- *Introduction à l'histoire du Bouddhisme indien* (1844; 1876)
- *Le Lotus de la bonne loi, traduit du sanscrit, accompagné d'un commentaire et de vingt et un mémoires relatifs au buddhisme* (Paris, Imprimerie Nationale, 1852).

图 17　法国早期汉学家雷慕莎

l'Inde，BNF FOL-O2-562），影响很大。

他一共写了 22 部论著[1]，其中 4 部涉及佛教：《法显撰〈佛国记〉》《佛图澄》《喇嘛教等级制度编年研究概述》、《中国作者记载的佛教徒的宇宙志和宇宙起源论》，尤其是最后一本抓住了佛教最根本的东西，就相当于汪德迈先生讲中国的思想是“宇宙而上”。

[1] 22 本论著，其中有：

- 《法显撰〈佛国记〉》(*Fou-koue-ki ou relation des royaumes bouddhiques, voyage dans la Tartarie*, *etc.*)
- 《喇嘛教等级制度编年研究概述》(*Aperçu d'un mémoire intitulé: Recherches chronologiques surl'origine de la hiérarchie La maique*)
- 《中国作者记载的佛教徒的宇宙志和宇宙起源论》(*Essai sur la cosmographie et la cosmogonie des bouddhistes d'après les auteurs chinois*)

法国汉学家儒莲（Stanislas Julien，1797—1873），1832年当选法兰西学院教授。他精通梵文、中文，他和雷慕莎一样，先由文学进入中国。

儒莲于1832年在伦敦发表《灰阑记》全译本（*Hoeï-Lan-Ki / L'Histoire du Cercie de Craie*，BNF YA-739），1834年在巴黎出版所译《白蛇精记》（*Blanche et Bleue, ou Les deux couleuvres-fées*，BNF Y2-18321）、《平山冷燕》（*P'ing-chan-ling-yen. Les Deux jeunes filles lettrées*，BNF SMITH LESOUEF R-10547 ），同年出版法译本《赵氏孤儿》（*Tchao-chikou-eul, ou l'Orphelin de la Chine*，BNF YA-855）。1853年出版《大慈恩寺三藏大法师传》（*Histoire de la vie de Hiouen-Thsang et de ses voyages dans l'Inde depuis l'an 629*

图18　法国早期汉学家儒莲

jusqu'en 645，BNF SMITH LESOUEF R-10565），1857—1858 年出版法译本《大唐西域记》（*Mémoires sur les contrées occidentales*，BNF 8-O2S-56），1859 年翻译出版《百句譬喻经》（*Les Avadânas: contes et apologues indiens inconnus jusqu'à ce jour, suivis de fables, de poésies et de nouvelles chinoises*，YA-749，YA-750）。1860 年在巴黎出版《中国短篇小说》（*Nouvelles chinoises*，BNF Y2-56906），1864 年出版《玉娇梨》法译本（*Les deux cousines, roman chinois* [Texte imprimé] / Yu kiao li，BNF SMITH LESOUEF R-10545），同年出版《千字文》（*Thsien-tseu-wen. Le Livre des mille mots, le plus ancien livre élémentaire des chinois*，BNF SMITH LESOUEF R-10530）法译版和《千字文》拉丁文版（"*San tseu king*"，Trium litterarum liber a Wang Pe-heou sub finem XIII. saeculi compositus，BNF 8-IMPR OR-10517），1842 年出版所译法文版《道德经》（*Lao Tseu Tao te king, Le Livre de la Voie et de la Vertu*，BNF Z RE NAN-4663）。他的兴趣从文学到佛学，再到道家，非常广泛。1872 年在日内瓦出版法译本《西厢记》（*Si-Siang-ki, ou l'histoire du pavillon d'Occident*，BNF SMITH LESOUEF R-10639），1869 年出版《中华帝国的古今工业》（*Industries anciennes et modernes de l'empire chinois*），1869 年出版《中文新字位句法》（附有关语助词与语法主要术语的论文两篇，以及熟语、寓言、传说、譬喻故事表，*Syntaxe nouvelle de la langue Chinoise fondée sur la position des mots suivie de deux traités sur les particules et les principaux termes de grammaire, d'une table des idiotismes, de fables, de légendes et d'apologues*）。他不仅出版汉文教本，还出版梵文教本，1861 年写成《辨认梵文名称和用音标示它们的方法》（*Méthode pour déchiffrer et transcrire les noms sanscrits*）一书。❶

安东尼·巴赞（Antoine Bazin，1799—1863），雷慕莎和儒莲的学生，法国巴黎东方语言学院教授。1841 年出版《琵琶记》（*Le Pi-Pa-Ki ou Lhistoire du Luth*，BNF YA-609）。1850 年在巴黎出版研究著作《元末明初中国文学史图略》（*Le Siècle des Youên, ou Tableau historique*

---

❶ 24 部著作中，译著有三部：

- 1859 年翻译出版《百句譬喻经》（按：《百句譬喻经》，梵文标题为 *Avādanas*，汉文简称为《百喻经》）
- 翻译《大慈恩寺三藏法师传》（*Histoire de la vie de Hiouen Thsang et de ses voyages en Inde*），即《玄奘的一生和他前往印度之行的故事》，该书在 1853 年出版。
- 译出了玄奘著的《大唐西域记》（*Mémoires sur les contrées occidentales de Hiouen Thsang*），即《玄奘的西域记行》，共两卷，于 1858 年出版。

de la littérature chinoise, depuis l'avènement des empereurs mongols jusqu'à la restauration des Ming，BNF Z-41452）。1856 年出版《中华帝国宗教起源、历史与构成研究　》（*Recherches sur l'origine, l'histoire et la constitution des ordres religieux dans l'Empire chinois*，BNF 8-IMPR OR-116（5，8）），他的八本有关中国的论著，只有这本书里谈到了中国的佛教。

法国佛学家莱维（Sylvain Levi，1863—1935）与日本学者高楠顺次郎共同编写了佛教百科全书《法宝义林》。这是世界上第一部用法文编写的佛教辞书，1929 年出版第一卷。

莱维多次到印度、中国、尼泊尔、朝鲜以及俄罗斯、巴勒斯坦等地探险，三次考察尼泊尔并得到梵本经典，其中多半为大乘佛典。他深入研究唯识学，发现《唯识三十颂》梵文本。他写的 27 部论著中，有 13 部论佛教，《大庄严经论》由梵文译成法文（1907），1918 年他与俄国学者谢尔巴茨基（Th.stcherbatsky）合作，审校出版《俱舍论》第一卷界品。莱维的特点是将 18 世纪《圣经》解释学导入印度佛学研究，进而影响 1893 年主持法兰西学院的汉学讲座的法国汉学家沙畹（Edouard Chavannes，1865—1918）。

图 19　法国早期佛学家莱维

图 20　法国早期汉学家沙畹

沙畹对汉学的贡献有三点：一是翻译与注释，以穷竭性的注释为研究方法；二是开创法国汉学的特色，这个特色由伯希和发扬达到顶峰；三是将碑铭学和考古学引入汉学，汉学不再仅仅是研究中国文学，也研究碑铭学和考古学。沙畹深入研究佛教、道教。1894年出版所译注的义净和尚《大唐西域求法高僧传》(*Mémoire composé à l'époque de la grande dynastie T'ang sur les religieux éminents qui allèrent chercher la loi dans les pays d'Occident*, BNF 8-IMPR OR-1)，1895出版所译《史记》(*Mémoires historiques de Se-ma Ts'ien*，BNF 8-NF-29051)，同年出版《悟空入竺记》[*Voyages des pèlerins bouddhistes. L'Itinéraire d'Ou-K'ong (751-790)*，BNF O2K-1006]。1910年至1934年间在巴黎出版所译《中国佛藏五百故事选》(*Cinq cents contes et apologues extraits du Tripitaka chinois et traduits en français*, BNF 8-IMPR OR-295)。1927年在巴黎出版《公元三至八世纪起源于印度的中国寓言》[*Fables chinoises du IIIe au VIIIe s. de notre ère (d'origine hindoue)*，BNF 8-NF-55945，8-IMPR OR-11086（2）]。他的8本著作中有3本涉及佛教。

在这一代的汉学家中有一个特例是顾赛芬(Séraphin Couvreur，1835—1919)。他是儒典翻译家，曾翻译出版《四书》《诗经》《尚书》《礼记》，这几部经典均用拉丁语、法语、文言三语出版。其《诗经》的翻译，与欧洲最早的法文《诗经》、法国耶稣会士孙璋(Alxander

图 21　法国汉学家伯希和

de la Charme）的全译本、由朱利斯·莫尔（Julius Mohl）编辑，1830 年在德国斯图加特出版的《孔夫子的诗经》（*Confucii Chi-king* sive Liber carminum，BNF NUMM-74452）（BNF NUMM-74452）相距 66 年。进入 20 世纪，顾赛芬于 1914 年出版法译本《左传》（*Tch'ouen ts'iou etTso tchouan, la Chronique de la principauté de Lou*，光启出版社，1951 年巴黎 Cathasia 再版，BNF 4-O2N-2392），1916 年出版所译《礼记》（*Le cérémonial*，1951 年巴黎 Cathasia 再版，BNF4-O2N-2415）。

伯希和（Paul Pelliot，1878—1945），论著不多，

文章很多。在世时出版的四部[1]论著中有三部是佛学文献学研究，其中《敦煌洞窟摄影集》(*Grottes de Touen-houang: Carnets de notes*, 6 vol., Paris, Collège de France）促使常书鸿离开巴黎画坛，奔赴敦煌。

伯希和的文献学研究为法国汉学和佛学研究奠定了坚实的基础。[2]

---

❶ 伯希和四部论著是：

- *Le Sûtra des causes et des effets du bien et du mal, Fac-similé des textes sogdien et chinois*, édité et traduit d'après les textes sogdien, chinois et tibétain par Robert Gauthiot et Paul Pelliot, 2 volumes, Paris, P. Geuthner, 1920.
- *Mission Pelliot en Asie centrale: Les grottes de Touen-Houang: peintures et sculptures bouddhiques des époques des Wei, des T'ang et des Song*, 6 volumes, Paris, Geuthner, 1914-1924.
- *Mission Pelliot en Asie centrale [de 1906 à 1909]*, 10 volumes, Paris, Geuthner, 1914-1946.
- GODARD André, GODARD Yves, HACKIN J., PELLIOT Paul, *Les Antiquités bouddhiques de Bâmiyân*, Tours, imprimerie Arrault et Cie, éditions C. Van Oest, 1928.

❷ 伯希和去逝后出版的论著有：

- *Histoire secrète des Mongols: restitution du texte mongol et traduction française des chapitres I à VI*, Paris, A. Maisonneuve, 1949.
- *Oeuvres posthumes de Paul Pelliot II, Notes sur l'histoire de la Horde d'Or suivies de Quelques noms turcs d'hommes et de peuples finissant en "ar"*, Paris, A. Maisonneuve, 1950.
- *Mémoires sur les coutumes du Cambodge de Tcheou Ta-Kouan*, Paris, A. Maisonneuve, 1951 (1° édition).

马伯乐（Henri Maspeero，1883—1945）是法国汉学领域引领中国宗教研究的重要学者，他的重要贡献是阐明中国儒释道三家。其对道教的研究，在于论证了公元前后道教对于佛教传入中国的作用。马伯乐的十余部论

- *Oeuvres posthumes de Paul Pelliot 4. Les Débuts de l'imprimerie en Chine*, Paris, A. Maisonneuve, 1953.
- *Oeuvres posthumes VI, Notes critiques d'histoire kalmouke*, 2 volumes, Paris, Adrien-Maisonneuve, 1960.
- *Histoire ancienne du Tibet*, 171 p., Paris, Librairie d'Amérique et d'Orient, 1961.
- *Recherches sur les chrétiens d'Asie centrale et d'Extrême-Orient*, 2 volumes, Paris, A. Maisonneuve, 1973-1984.
- MAILLARD Monique, PELLIOT Paul, *Grottes de Touen-houang: carnet de notes de Paul Pelliot: inscriptions et peintures murales*, 6 volumes, Paris, Collège de France/Instituts d'Asie/Centre de recherche sur l'Asie centrale et la Haute Asie, 1981-1992.
- LE FEVRE Georges, PELLIOT Paul, *La croisière jaune: expédition Citroën Centre-Asie, Haardt-Audouin-Dubreuil*, Paris. L'Asiathèque, 1991.
- PELLIOT Paul, TAKATA Tokio, *Inventaire sommaire des manuscrits et imprimeś chinois de la Bibliotheq̀ue vaticane: a posthumous work*, Kyoto, Istituto italiano di cultura, Scuola di studi sull'Asia orientale, 1995.
- FORTE Antonio, PELLIOT Paul, *L'inscription nestorienne de Si-Ngan-Fou*, Paris, Collège de France, I.H.E.C, 1996.
- *Les routes de la région de Turfan sous les T'ang*; suivi de *L'histoire et la géographie anciennes de l'Asie centrale dans "Innermost Asia"*, Paris, Institut des hautes études chinoises du Collège de France, 2002.
- GHESQUIERE Jérôme, MACOUIN Francis, PELLIOT Paul, *Carnets de route: 1906-1908*, Paris, les Indes Savantes , impr. 2008.

图 22　法国汉学家马伯乐

著[1] 中有四部是关于佛教的。

---

[1] 马伯乐的重要论著有：

- *Le taoïsme et les religions chinoises*, Paris, Gallimard, 1971.
- *Les finances de l'Egypte sous les Lagides*, Nogent Le Rotrou, Imprimerie Daupeley-Gouverneur, 1905.
- *Etudes sur la Phonétique historique de la langue annamite: Les Initiales*, Hanoi, Imprimerie d'Extrême Orient, 1912.
- *La Chine antique*, Paris, PUF, 1927 (réédition, 1978).
- *Les Régimes fonciers en Chine*, Recueil de la Société Jean Bodin, Bruxelles, Imprimerie des Travaux publics, 1937.
- LION Lucien, MASPERO Henri, *Les ivoires religieux et médicaux chinois: d'après la collection Lucien Lion*, Paris, Editions d'art et d'histoire, 1939.
- DEMIEVILLE Paul, ESCARRA Jean, MASPERO Henri, *Les institutions de la Chine: essai historique*, Paris, Presses universitaires de France, 1952.
- MASPERO Henri, STEIN Aurel, *Les documents chinois de la troisième expédition de Sir Aurel Stein en Asie centrale*, London, Trustees of the British Museum, 1953.
- *Mélanges posthumes sur les religions et l'histoire de la Chine*, 3 volumes,

葛兰言（Marcel Granet，1884—1940）的四部著作研究中国的节日、诗歌、舞蹈、传说与宗教，其中有一部论及中国佛教。[1] 汪德迈认为葛兰言是法国最优秀的汉学家。汪德迈和葛兰言有一个共同点：极为重视中国哲学，以此为出发点研究中国。

勒内·格鲁塞（René Grousset，1885—1952），曾任塞努奇博物馆和吉美博物馆馆长。1946 年当选为法兰西学院院士。共出版 19 部著作，研究印度和中国、日本的东方哲学，其中 1929 年出版的《沿着佛陀的足迹》（*Sur*

Paris, Presses universitaires de France, 1950 (réédition, 1967).

- BALAZS Etienne, DEMIEVILLE Paul, MASPERO Henri, *Histoire et institutions de la Chine ancienne: des origines au XIIe siècle après J.-C.*, Paris, Presses universitaires de France, 1967.
- KALTENMARK Max, MASPERO Henri, *Le Taoïsme et les religions chinoises*, Paris, Gallimard, imprimé en 1971.

[1] 葛兰言的四部著作：

- *Fêtes et chansons anciennes de la Chine.*, Paris, Albin Michel, 1982 (1° édition 1919).
- *La Polygynie sororale et le sororat dans la Chine féodale: étude sur les formes anciennes de la polygamie chinoise*, thèse pour le doctorat ès-lettres présentée à la Faculté des Lettres de l'Université de Paris, Paris, E. Leroux, 1920.
- *La religion des Chinois*, Paris, Albin Michel, 2010 (1° édition 1922).
- *Danses et légendes de la Chine ancienne*, Paris, Presses universitaires de France 1994 (1° édition 1926).

图 23　法国汉学家葛兰言

les traces du Bouddha）是法国汉学佛学的重要著作。[1]

---

[1] 勒内・格鲁塞的论著如下：

- *Histoire de l'Asie*, 3 tomes, Paris, G. Crès, 1922.
- *Histoire de la philosophie orientale: Inde, Chine, Japon*, Paris, Nouvelle Librairie Nationale, 1923.
- *Le Réveil de l'Asie: l'impérialisme britannique et la révolte des peuples*, Paris, Plon-Nourrit et Cie, impr.-libr.-éditeurs, 1924, pp.251.
- *Histoire de l'Extrême-Orient*, Volume 40, P. Geuthner, 1929.
- *Les Civilisations de l'Orient*, Volume 2, G. Crès et cie., 1929-1930.
- *Sur les traces du Bouddha*, Paris, Plon, 1929.
- *Philosophies indiennes*, Volume 2, impr. Desclée, De Brouwer et Cie, 1931.
- *Histoire des croisades et du royaume franc de Jérusalem*, 3 tomes, Librairie Jules Tallandier, 1934-1936.
- *L'Empire des steppes, Attila, Gengis-Khan, Tamerlan*, Volume 8, Paris, Payot, 1938.
- *La Sculpture des Indes et de la Chine*, Libr. des arts décoratifs, 1939.
- *L'Épopée des Croisades*, volume 38, Paris, le Club français du livre, 1939.
- *Histoire de la Chine*, Paris, Payot ,1942.

图 24　法国汉学家勒内·格鲁塞

勒内·格鲁塞的两部欧洲与亚洲学重要论著《草原帝国》(*L'Empire des steppes, Attila, Gengis-Khan, Tamerlan*, Volume 8，Paris，Payot，1938)、《十字军史》(*Histoire des croisades et du royaume franc de Jérusalem*，3 tomes，Librairie Jules Tallandier，1934—1936)、《世界的征服者：成吉思汗传》(*Le Conquérant du monde: Vie de Gengis-Khan*，A.

- *Le Conquérant du monde: Vie de Gengis-Khan*, A. Michel, 1944.
- *Bilan de l'Histoire*, Desclée de Brouwer, 1946.
- *L'Empire du Levant*, Payot, 1949.
- *La Chine et son art*, Paris, Librairie Plon,1951.
- *L'Empire mongol*, Paris , E. de Boccard, 1941.
- *L'Homme et son histoire*, Paris, Plon, 1954.
- *Histoire de l'Arménie des origines à 1071*, volume 61, Payot, 1973.

Michel，1944）、《东方文明史》（*Les Civilisations de l'Orient*，Volume 2，G. Crès et cie.，1929—1930）具有世界历史学和跨文化学的视野。

戴密微（Paul Demiéville，1894—1979），汪德迈先生的三位导师之一。戴密微把汪德迈先生带上了汉学之路，让他去日本学习汉语，后来又推荐他去香港师从戴密微的好友饶宗颐学习汉语。戴密微曾在厦门大学法日研究所任教，并担任中国学杂志《通报》主编。

汪德迈曾多次回忆戴密微对他的引导。他记得戴密微在巴黎东方语言学院任教时要求学生背诵《康熙字典》的 214 个偏旁。戴密微入教法兰西公学院后，汪德迈忠实追随导师，每课必上。戴密微讲意大利语、英语、德

图 25　法国汉学家戴密微

语、俄语，精通拉丁语、梵文、日语、汉语，性情温和，爱好弹钢琴，熟谙欧洲文学。这一切让汪德迈赞叹至今。在完成巴黎的汉学教程之后，戴密微派汪德迈去日本和香港继续深造，成为饶宗颐的弟子和好友。

戴密微是佛学家，但他首先是中国文学研究者。他把中国古典文学置于至高无上的地位，从中国古典文学和哲学的角度出发去探究佛教对中国文化的影响。七部论著中有六部写佛教[1]，在法国汉学界引领佛教传统研究。此外，他还有中国禅宗临终偈诵译著。

---

[1] 戴密微的论著：

- *Le concile de Lhasa. Une controverse sur le quiétisme entre bouddhistes de l'Inde et de la Chine au VIIIe siècle de l'ère chrétienne*，Collège de France, Institut des hautes études chinoises, Bibliothèque de l'Institutdes hautes études chinoises, volume VII.，1952. 汉译本《拉萨法诤》，耿升译，甘肃人民出版社，1984 年出版。
- *Anthologie de la poésie chinoise classique*, Paris, Gallimard, 1962.
- *Entretiens de Lin-tsi*, Paris, Fayard, 1972.
- *Choix d'études sinologiques*, Leyde, E. J. Brill, 1973.
- *Choix d'études bouddhiques*, Leyde, E. J. Brill, 1973.
- *Les versions chinoises du Milindapanha*, in BEFEO 24/1-2, volume 24, 1924, pp. 1-258.
- *Hôbôgirin*（法宝义林）, *Dictionnaire encyclopédique du bouddhisme d'après les sources chinoises et japonaises*, Volume 4, Tokyo, Maison franco-japonaise, 1929-1937.

谢和耐（Jacques Gernet，1921—），戴密微的弟子，汪德迈最好的朋友，法兰西学院院士，法兰西公学院教授。他的十部著作中有五部是佛学论著[1]。《中世纪佛教寺

[1] 谢和耐的重要论著：

- *Entretiens du maître de dhyâna Chen-houei du Ho-tsö (668-760)*, Hanoi, EFEO (PEFEO, 31), 1949, [réimpr. 1974].
- *Les Aspects économiques du bouddhisme dans la société chinoise du Ve au xe siècle*, Saigon, EFEO (PEFEO, 39), 1956, [réimpr. 1977; trad. chinoise, 1987 et 1994; anglaise, revue et augmentée, 1995].
- *La Vie quotidienne en Chine à la veille de l'invasion mongole*, Paris, Hachette, 1959, [réimpr. 1978, 1990; trad. anglaise, 1962; rééd. 1977 et années suivantes; hongroise, 1980; chinoise, 1982; italienne, 1983; japonaise, 1990; nouvelle trad. chinoise, 1995].
- *Catalogue des manuscrits chinois de la Bibliothèque nationale, fonds Pelliot de Touen-houang,* vol. 1, avec Wu Chi-yü, Paris, Bibliothèque nationale, 1970.
- 1972: *Le Monde chinois*, Paris, A. Colin, [réimpr. 1980, 1990; rééd. poche en 3 tomes chez Pocket, 2006; trad. italienne, 1978; allemande, 1979; anglaise, 1982, 1982, 1983, 1985; roumaine, 1985; coréenne, 1985; espagnole, 1991; trad. chinoises, 1990 et 1995; anglaise, revue et augmentée,1996; trad. hongroise, 2001].
- 1982: *Chine et christianisme, action et réaction*, Paris, Gallimard, [rééd. sous-titrée: La première confrontation, 1991; trad. allemande, 1984; italienne, 1984; anglaise, 1985; espagnole, 1989; chinoises, 1989 et 1991; japonaise, 1996].
- 1991: *Tang Zhen, Écrits d'un sage encore inconnu*, Paris, Gallimard.
- 1994: *L'Intelligence de la Chine: le social et le mental*, Paris, Gallimard.
- 2005: *La Raison des choses: Essai sur la philosophie de Wang Fuzhi (1619-1692)*, Paris, Gallimard.
- 2007: *Société et pensée chinoises aux XVIe et XVIIe siècles* (résumés des cours du Collège de France, 1975-1992), Paris, Fayard/Collège de France.

图 26　法国汉学家谢和耐

院的经济》是他的博士论文。谢和耐是承前启后的一位重要汉学家，从他开始，法国汉学逐渐转向中国社会与中国心态研究，逐渐形成中国学。

童丕（Eric Trombert，1947—）敦煌学专家，他研究敦煌佛教的专著有六部[1]。

---

[1] 童丕的重要论著：

- *La volonte d'orthodoxie dans le bouddhisme chinois*, Paris, Presses du CNRS, 1988.
- *Le crédit à Dunhuang: Vie matérielle et société en Chine médiévale*, Paris, Ihec/Inst.Hautes Etudes, 1995.
- *Bouddhisme*, Paris, Liana Levi, 1997.
- *Bouddhismes, Philosophies et Religions*, Paris, Flammarion, 2000.
- *Le bouddhisme Ch'an en mal d'histoire: Genese d'une tradition religieuse dans la Chine des T'ang (Publications de l'Ecole francaise d'Extreme-Orient) (French Edition),* Paris, Adrien-Maisonneuve, 1989.
- *Sexualités bouddhiques-entre desires et réalités*, Paris, Flammarion, 2005.

图 27　法国汉学家童丕

我们对 18 到 20 世纪上半叶法国汉学家研究论著进行摸底，13 位汉学家出版了 145 部论著，其中三分之一为佛学研究，三分之二为中国学研究。从 18 世纪末到 20 世纪中，中国经典、佛学与关于中国的专题研究成为汉学研究的三大关注点。

我在《文学中国在法国》一文中提出❶，18 世纪的法国对中国的接受是以中国文学为核心的。这一情况在 19 世纪发生了变化。此期的接受开始包含佛典与佛经故事翻译❷，而佛学研究在 20 世纪上半叶的法国汉学中占重要

❶ 金丝燕：《文学中国在法国》，原载《跨文化对话》，2014 年第 32 期，第 311—333 页，北京：生活 · 读书 · 新知三联书店，2014 年。

❷ 佛经法译始于法国学者伯努夫（Eugène Burnouf，1801—1852），他于 1834 年在法兰西学院开设梵文课，将《妙法莲华经》梵文本译成法文（*Le lotus de la bonne loi*, BNF YA- 353）。

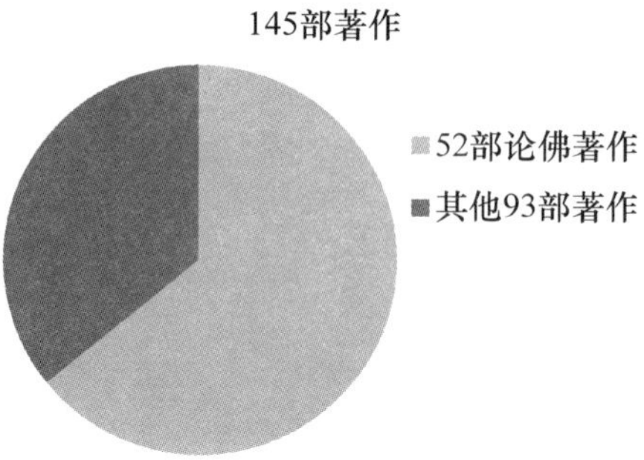

图 28　18 世纪末至 20 世纪中期法国汉学家出版中国经典、佛学与中国专题研究著作示意图

位置。20 世纪下半叶开始，法国汉学从中国古文学、哲学和佛学研究走向历史学、社会学、经济学、语言学和现当代文学。

第二节　18、19 世纪之法国汉学图书展

1943 年，北京中法汉学研究所举办了 18、19 世纪之法国汉学图书展，副标题是“两个世纪的法国汉学”。

《十八、十九世纪之法国汉学》，北京大学图书馆藏，很薄的一本，书后的借阅证是空白。此书为当时图书展

图29 《十八、十九世纪之法国汉学》封面，北京中法汉学研究所，1943，金丝燕摄

目录，含中国历史地理、文学记忆、官话文法、研究早期在法国的汉语教学、中国道佛各教派组织起源考、中国地名字典、法译《周礼》、法译中国小说七篇、《今古奇观》《龙屠公案》《醒世恒言》《西藏游记》《鞑靼游记》；17、18世纪由文学进入的法国汉学传统，有《离骚》翻译、《文献通考》、《周易》卦爻研究，还有《中国安邦管理史》、《中国西藏管理史》、《西藏中国碑铭》、《中国绘画教科书》、《中国诗歌》（1885年出版）、《中国绘画读本》（1889年出版）。

书目体例是将75部展示书籍编号，逐一按作者、作

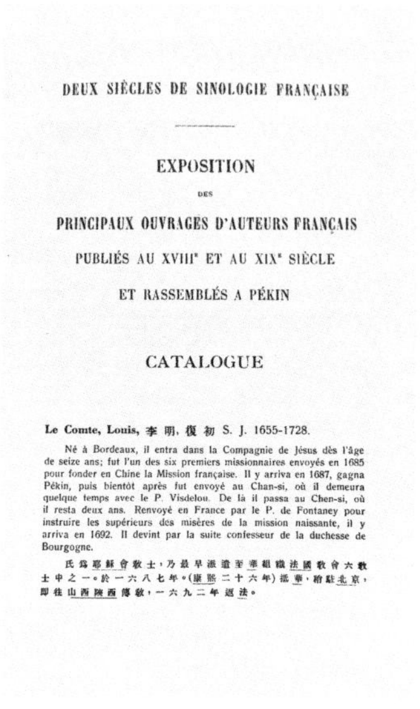

DEUX SIÈCLES DE SINOLOGIE FRANÇAISE

EXPOSITION

DES

PRINCIPAUX OUVRAGES D'AUTEURS FRANÇAIS

PUBLIÉS AU XVIIIe ET AU XIXe SIÈCLE

ET RASSEMBLÉS A PÉKIN

CATALOGUE

Le Comte, Louis, 李明, 復初 S. J. 1655-1728.

Né à Bordeaux, il entra dans la Compagnie de Jésus dès l'âge de seize ans; fut l'un des six premiers missionnaires envoyés en 1685 pour fonder en Chine la Mission française. Il y arriva en 1687, gagna Pékin, puis bientôt après fut envoyé au Chan-si, où il demeura quelque temps avec le P. Visdelou. De là il passa au Chen-si, où il resta deux ans. Renvoyé en France par le P. de Fontaney pour instruire les supérieurs des misères de la mission naissante, il y arriva en 1692. Il devint par la suite confesseur de la duchesse de Bourgogne.

氏為耶穌會教士，乃最早派遣至華組織法國教會六教士中之一。於一六八七年。(康熙二十六年)抵華，稍駐北京，即往山西陝西傳教，一六九二年返法。

图 30 《十八、十九世纪之法国汉学》封内，北京中法汉学研究所，1943，金丝燕摄

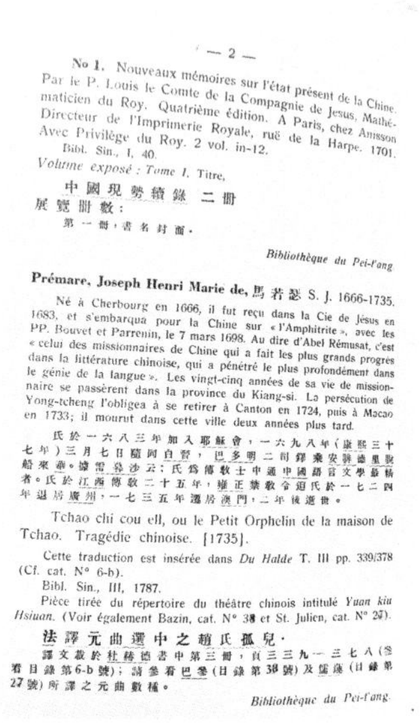

— 2 —

No 1. Nouveaux mémoires sur l'état présent de la Chine. Par le P. Louis le Comte de la Compagnie de Jesus, Mathématicien du Roy. Quatrième édition. A Paris, chez Anisson Directeur de l'Imprimerie Royale, ruë de la Harpe. 1701. Avec Privilège du Roy. 2 vol. in-12.

Bibl. Sin., I, 40.

Volume exposé : Tome I. Titre.

中國現勢續錄 二冊

展覽冊數：

第一冊，書名封面。

Bibliothèque du Pei-t'ang

Prémare, Joseph Henri Marie de, 馬若瑟 S. J. 1666-1735.

Né à Cherbourg en 1666, il fut reçu dans la Cie de Jésus en 1683, et s'embarqua pour la Chine sur « l'Amphitrite », avec les PP. Bouvet et Parrenin, le 7 mars 1698. Au dire d'Abel Rémusat, c'est « celui des missionnaires de Chine qui a fait les plus grands progrès dans la littérature chinoise, qui a pénétré le plus profondément dans le génie de la langue ». Les vingt-cinq années de sa vie de missionnaire se passèrent dans la province du Kiang-si. La persécution de Yong-tcheng l'obligea à se retirer à Canton en 1724, puis à Macao en 1733; il mourut dans cette ville deux années plus tard.

氏於一六八三年加入耶穌會，一六九八年(康熙三十七年)三月七日隨同白晉，巴多明二司鐸乘安菲德里脫船來華。據雷慕沙云：氏為傳教士中通中國語言文學最精者。氏於江西傳教二十五年，雍正禁教令迫氏於一七二四年退居廣州，一七三五年遷居澳門，二年後逝世。

Tchao chi cou ell, ou le Petit Orphelin de la maison de Tchao. Tragédie chinoise. [1735].

Cette traduction est insérée dans *Du Halde* T. III pp. 339/378 (Cf. cat. N° 6-b).

Bibl. Sin., III, 1787.

Pièce tirée du répertoire du théâtre chinois intitulé *Yuan kiu Hsiuan*. (Voir également Bazin, cat. N° 38 et St. Julien, cat. N° 27).

法譯元曲選中之趙氏孤兒。

譯文載於杜赫德書中第三冊，頁三三九—三七八(參看目錄第6-b號)；請參看巴贊(目錄第38號)及儒蓮(目錄第27號)所譯之元曲數種。

Bibliothèque du Pei-t'ang.

图 31 《十八、十九世纪之法国汉学》第二页，北京中法汉学研究所，1943，金丝燕摄

品内容提要进行介绍。第一号作品是耶稣会士李明（Le Comte，Louis，1655—1728）所著的《中国现势续录》第四版（*Nouveaux mémoires sur l état présent de la Chine*，Paris，Anisson，1701）。

第二号作品是传教士马若瑟（Prémare，Joseph Henri Marie de，1666—1735）的译作《赵氏孤儿》（*Tchao chi*

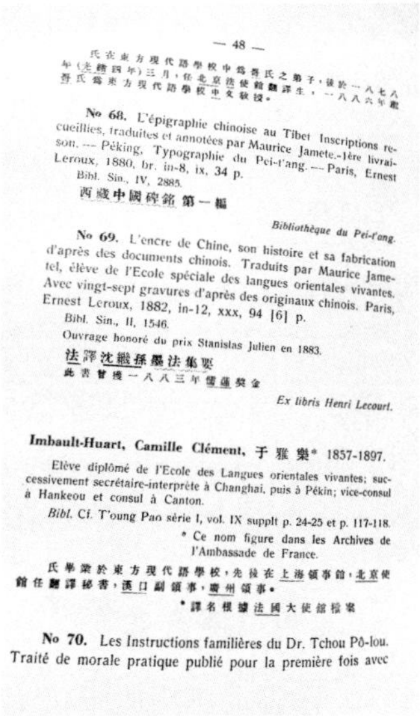

— 48 —

氏在東方現代語學校中爲哥氏之弟子，後於一八七八年（光緒四年）三月，任北京法使館翻譯生，一八八六年繼哥氏爲東方現代語學校中文教授。

No 68. L'épigraphie chinoise au Tibet Inscriptions recueillies, traduites et annotées par Maurice Jametel.-1ère livraison. — Péking, Typographie du Pei-t'ang. — Paris, Ernest Leroux, 1880, br. in-8, ix, 34 p.

Bibl. Sin., IV, 2885.

西藏中國碑銘第一編

Bibliothèque du Pei-t'ang.

No 69. L'encre de Chine, son histoire et sa fabrication d'après des documents chinois. Traduits par Maurice Jametel, élève de l'Ecole spéciale des langues orientales vivantes. Avec vingt-sept gravures d'après des originaux chinois. Paris, Ernest Leroux, 1882, in-12, xxx, 94 [6] p.

Bibl. Sin., II, 1546.

Ouvrage honoré du prix Stanislas Julien en 1883.

法譯沈繼孫墨法集要

此書曾獲一八八三年儒蓮獎金

Ex libris Henri Lecourt.

Imbault-Huart, Camille Clément, 于雅樂* 1857-1897.

Elève diplômé de l'Ecole des Langues orientales vivantes; successivement secrétaire-interprète à Changhai, puis à Pékin; vice-consul à Hankeou et consul à Canton.

Bibl. Cf. T'oung Pao série I, vol. IX supplt p. 24-25 et p. 117-118.

* Ce nom figure dans les Archives de l'Ambassade de France.

氏畢業於東方現代語學校，先後在上海領事館，北京使館任翻譯秘書，漢口副領事，廣州領事。

*譯名根據法國大使館檔案

No 70. Les Instructions familières du Dr. Tchou Pô-lou. Traité de morale pratique publié pour la première fois avec

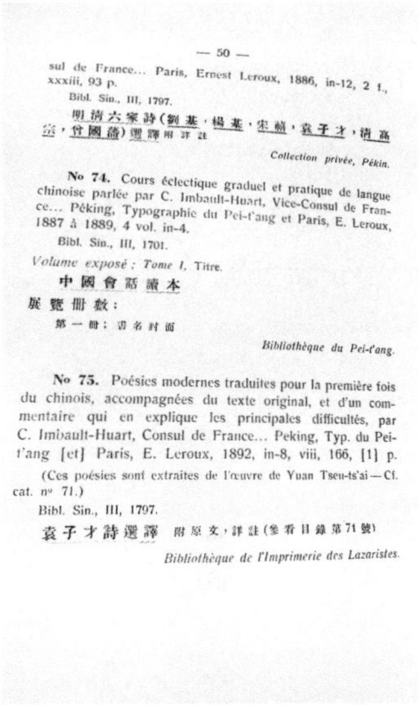

— 50 —

sul de France... Paris, Ernest Leroux, 1886, in-12, 2 f., xxxiii, 93 p.

Bibl. Sin., III, 1797.

明清六家詩（劉基，楊基，宋犖，袁子才，清高宗，曾國藩）選譯附詳註

Collection privée, Pékin.

No 74. Cours éclectique graduel et pratique de langue chinoise parlée par C. Imbault-Huart, Vice-Consul de France... Péking, Typographie du Pei-t'ang et Paris, E. Leroux, 1887 à 1889, 4 vol. in-4.

Bibl. Sin., III, 1701.

Volume exposé : Tome I, Titre.

中國會話讀本

展覽冊數：

第一冊：書名封面

Bibliothèque du Pei-t'ang.

No 75. Poésies modernes traduites pour la première fois du chinois, accompagnées du texte original, et d'un commentaire qui en explique les principales difficultés, par C. Imbault-Huart, Consul de France... Peking, Typ. du Pei-t'ang [et] Paris, E. Leroux, 1892, in-8, viii, 166, [1] p.

(Ces poésies sont extraites de l'œuvre de Yuan Tseu-ts'ai — Cf. cat. nº 71.)

Bibl. Sin., III, 1797.

袁子才詩選譯　附原文，詳註（參看目錄第71號）

Bibliothèque de l'Imprimerie des Lazaristes.

图 32 《十八、十九世纪之法国汉学》第 48 页，北京中法汉学研究所，1943，金丝燕摄

图 33 《十八、十九世纪之法国汉学》第 50 页，北京中法汉学研究所，1943，金丝燕摄

cou ell, ou le Petit Orphelin de la maison de Tchao，Tragédie chinoise，1735）。

第七十到七十五号为法国驻华领事于雅乐（Imbault-Huart，Camille Clément，1857—1897）的著作或译著。

我们作了统计，15 位作家，75 部作品，其中论佛的有 4 部、文学译本 23 部，其余 48 本包含汉语译本、地

理学等（见图 34）。这就是说，法国汉学从历时 100 多年的三个要素（古籍、文学和佛学）开始转入文化，进而发展为今天的中国学，减弱了对哲学和宗教的研究。

法国对中国的期待视野有着明显的变化轨迹。18 世纪的法国开始主导中国在欧洲的接受。“国王数学家”传教士的中国典籍翻译是欧洲汉学的奠基石。文学进入法国的阅读视野，马若瑟 1732 年出版的《赵氏孤儿》、孙璋的《诗经》法文全译是两个标志，尽管后者要等到 1830 年才出版。文学中国是法国视野的核心。

19 世纪，法国汉学界对中国的期待视野是儒学经典和佛学。诗歌、戏曲、小说与佛经故事同步。雷慕莎 1836 年出版的《佛国记》，儒莲 1832 年出版的《灰阑

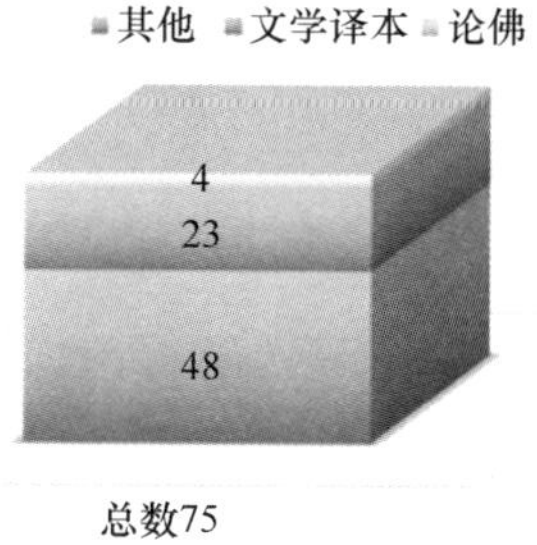

图 34 《十八、十九世纪之法国汉学图书》体裁与内容分布示意图
制图：杨竞

记》全译本、1834 年出版的《白蛇精记》和 1732 年出版的《赵氏孤儿》、1864 年出版的《玉娇梨》，巴赞 1841 年出版的《琵琶记》，沙畹 1895 出版的《悟空入竺记》、德理文 1870 年出版的《离骚》，葛迪爱 1867 年出版的《玉书》，巴维 1845 年出版的《三国志》等均为标志。此期的儒学经典翻译继续占据重要地位。

19 世纪末至 20 世纪中期，佛学与经论、佛教历史的翻译，文学和文化史是法国汉学期待视野的三大组合。

法国对中国佛学的接受视野的特点：

（1）法国传统汉学研究重心在梵语文献、大乘佛教和佛教考古学，这就意味着法国的汉学研究是受中国佛教影响的。中国佛教，特别是唐代以降的佛教影响，从所列大量的论著和译著中就能看出来。

（2）汉学框架下的佛学研究，受中国历史编年方法的影响，重文献学。十年以来，我和法宝合作翻译的《长阿含・大本经》中译本旨在将佛经巴利文经典汉译本的翻译纳入跨文化接受视野的研究，对法国汉学重梵语大乘佛教的传统起补充作用。

（3）中国传统文献学对法国汉学的佛学研究影响很大，文字学、音韵学、训诂学、版本学、校雠学、目录学等方法无遗漏挂。法国汉学界200年的研究中没有阐释学的影响，更多的是传统文献学的影响。

（4）法国汉学界对中国佛教典籍的注释性翻译仍然是认识中国文明和历史的一种研究方法。对佛教典籍的翻译并不占主要地位。

（5）法国汉学佛学研究预示了21世纪的学术新领域：跨文化研究。只有在这个框架下，文献学研究才有生命力，我们才不会仅仅满足于词句的解释。把它放到一个大的历史学框架下来看，放到中国对早期佛学的接受来看，研究范畴很大。现在这样的工作还没有进行，还需要年轻的学者来做。

我们还有三个问题框架有待深入。第一，在19世纪末到20世纪初的西方语言学和人文学科的话语中，法国汉学的佛教研究处于什么地位，发挥了什么作用呢？西方语言学趋向于口语的研究、现代文文本的研究，而佛教在中古时代如何导致中古汉语的变化。我们还没有提出佛经汉语。第二，法国汉学的佛经翻译与文献学之间的关系。翻译包括在文献学的概念之中。第三，在佛学研究上对中法文献学方法进行对比，两者在汉学领域产生了哪些非遇不知的东西？法国人是如何在佛学研究中接受中国文献学的呢，进行了怎样的增补？需要进一步研究。

跨文化研究作为一门新的学科，其视点不在国别文学还是超国别文学。跨文化研究的思路可以用“文化异托邦”（hétérotopie culturelle）的命题提出，即对文化的相异性、生成性对话的形态进行研究。我们的重点在文化转场框架下的期待视野跨文化研究。佛学汉典在中国的早期接受与法国汉学对中国的期待视野同属于期待视野的接受研究。

20世纪中叶，法国汉学开始有新的变化，首先是注重当代中国的研究，如鲁迅的研究、新青年的研究，从古代中国学转向当代中国学，这是一个非常重要的变化。其次，中国思想和哲学研究让位给文学、文化、历史、经济、人类学等领域。这意味着始于17世纪、滥觞于18世纪欧洲的法国汉学，其定义要重新下了。过去讲汉学，指的是对古代中国的研究，至今如此。但由于研究领域的拓展，已经不可能沿用汉学原先的定义。提出的问题是：是新汉学还是中国学？

附　录

“跨文化研究”丛书书目❶

1 乐黛云《跨文化方法论初探》，中国大百科全书出版社，2016。

2 ［法］汪德迈（Léon Vandermeersch）《中国文化思想研究》，中国大百科全书出版社，2016。

3 ［法］金丝燕、法宝（T·Dammaratana）《佛经汉译之路：〈长阿含·大本经〉对勘研究》，北京大学出版社，2016。

4 ［法］金丝燕《文化转场：中国与他者》，中国大百科全书出版社，2016。

5 程正民《跨文化研究与巴赫金诗学》，中国大百科全书出版社，2016。

6 董晓萍《跨文化民间文艺学》，中国大百科全书出版社，2016。

7 ［法］劳格文（John Lagerwey）《华南民俗志》，中国大百科全书出版社，2016。

8 王邦维《跨文化的想象：文献、神话与历史》，中国大百科全书出版社，2017。

9 王一川《跨文化艺术美学》，中国大百科全书出版社，2017。

10 董晓萍《跨文化民俗学》，中国大百科全书出版社，2017。

11 董晓萍《跨文化民俗志》，中国大百科全书出版社，2017。

12 董晓萍《钟敬文与中国民俗学派》，中国社会科学出版社，2017。

13 ［爱沙尼亚］于鲁·瓦尔克（Ülo Valk）《信仰·体裁·社会》，董晓萍译，中国大百科全书出版社，2017。

［法］劳格文（John Lagerwey）、谭伟伦主编《中国客家地方社会研究》（全4卷），中国人民大学出版社，2017。

14 ［法］劳格文、谭伟伦主编《（一）闽西客家社会——长汀》，中国人民

❶ “跨文化研究”丛书是教育部人文社会科学重点研究基地重大项目“跨文化视野下的汉语、汉字与民俗文化研究”的综合性研究成果，［法］金丝燕、董晓萍主编，中国出版社有：中国大百科全书出版社、北京大学出版社、商务印书馆、中国人民大学出版社、高等教育出版社、中国社会科学出版社、文化艺术出版社和上海大学出版社。法国出版社有：Paris:Éditions You Feng Libraire & Éditeur 与 Paris：Nuvis，乐黛云、［法］金丝燕、董晓萍主编。

大学出版社，2017。

15 ［法］劳格文、谭伟伦主编《（二）闽西客家社会——宁化》，中国人民大学出版社，2017。

16 ［法］劳格文、谭伟伦主编《（三）与非客的社会》，中国人民大学出版社，2017。

17 ［法］劳格文、谭伟伦主编《（四）粤东粤北社会》，中国人民大学出版社，2017。

18 ［法］汪德迈（Léon Vandermeersch）《中国思想的两种理性：占卜与表意》，［法］金丝燕译，北京大学出版社，2017。

19 王宁《汉字六论》，中国大百科全书出版社，2017。

20 ［法］汪德迈（Léon Vandermeersch）、金丝燕编著《古文言读本》（法文版），Paris: Éditions You Feng Libraire & Éditeur，2017。

21 ［法］金丝燕等译《药师琉璃光七佛本愿功德经》（法文版），Paris: Éditions You Feng Libraire & Éditeur，2017。

22 董晓萍《中国经典故事》（法文版），Paris :Nuvis，2017。

23 ［德］艾伯华（Wolfram Eberhard）《中国民间故事类型》（修订版），王燕生、周祖生译，刘魁立审校，董晓萍校注，商务印书馆，2017，2018。

24 ［法］汪德迈（Léon Vandermeersch）《跨文化中国学》，中国大百科全书出版社，2018。

25 乐黛云、陈越光主编《全球视野下的中国文化本位》，中国人民大学出版社，2018。

26 乐黛云、陈越光主编《全球治理、国家治理和社会治理》，中国人民大学出版社，2018。

27 ［法］金丝燕主编《中国当代艺术》（法文版），Paris: Nuvis，2018。

28 ［法］白乐桑（Jöel Belensan）《跨文化汉语教育学》，中国大百科全书出版社，2018。

29 ［英］白馥兰（Francesca Bray）《跨文化中国农学》，董晓萍译，中国大百科全书出版社，2018。

30 董晓萍《跨文化民俗体裁学》，中国大百科全书出版社，2018。

31 王宁《跨文化汉字学》，Paris:Éditions You Feng Libraire & Éditeur，2018。

32 程正民《巴赫金诗学》，Paris:Éditions You Feng Libraire & Éditeur，2018。

程正民主编《20世纪俄罗斯诗学流派研究》（全6卷），中国社会科学出版社，2018。

33 程正民《巴赫金的诗学》，中国社会科学出版社，2018。

34 王志耕《俄罗斯社会学诗学》，中国社会科学出版社，2018。

35 张冰《俄罗斯形式主义诗学》，中国社会科学出版社，2018。

36 贾放《普罗普的故事诗学》，中国社会科学出版社，2018。

37 马晓辉《俄罗斯历史诗学》，中国社会科学出版社，2018。

38 张冰《洛特曼的结构诗学》，中国社会科学出版社，2018。

董晓萍主编《钟敬文全集》（全16卷，共30册），高等教育出版社，2018。

39 钟敬文《钟敬文全集》第1册，董晓萍编《总目》，高等教育出版社，2018。

40 钟敬文《钟敬文全集》第2册，连树声编《中国民俗学派》，高等教育出版社，2018。

41 钟敬文《钟敬文全集》第3册，钟敬文主编《民俗学概论》，高等教育出版社，2018。

42 钟敬文《钟敬文全集》第4册，董晓萍编《歌谣学/故事学》，高等教育出版社，2018。

43 钟敬文《钟敬文全集》第5册，董晓萍编《神话传说学/谚语与谜语/民族民间文学》，高等教育出版社，2018。

44 钟敬文《钟敬文全集》第6册，董晓萍、刘铁梁编《民间文艺新论集/民间诗歌与文人诗/歌谣史与诗歌史》，高等教育出版社，2018。

45 钟敬文《钟敬文全集》第7册，董晓萍编《民间文学（香港版）/人民口头创作》，高等教育出版社，2018。

46 钟敬文《钟敬文全集》第8册，钟敬文主编《民间文学概论》，高等教育出版社，2018。

47 钟敬文《钟敬文全集》第9册，陈子艾编《民俗文化学与文化史》，高等教育出版社，2018。

48 钟敬文《钟敬文全集》第10册，董晓萍整理《民俗文化学个案研究：女娲考/〈水浒传〉专书研究》，高等教育出版社，2018。

49 钟敬文《钟敬文全集》第11册，王宁整理《民间文化传承学卷（第一册）/国学与外来学说》，高等教育出版社，2018。

50 钟敬文《钟敬文全集》第12册，王宁整理《民间文化传承学卷（第二册）/民间宗教与民间口头传承研究》，高等教育出版社，2018。

51 钟敬文《钟敬文全集》第13册，萧放编《历史民俗学》，高等教育出版社，2018。

52 钟敬文《钟敬文全集》第14册，杨利慧编《民间艺术学》，高等教育出版社，2018。

53 钟敬文《钟敬文全集》第15册，万建中编《民俗教育学》，高等教育出版社，2018。

54 钟敬文《钟敬文全集》第16册，程正民编《文艺学》，高等教育出版社，2018。

55 钟敬文《钟敬文全集》第17册，张恩和编《鲁迅研究文存（第一册）/关于鲁迅的论考与回想》，高等教育出版社，2018。

56 钟敬文《钟敬文全集》第18册，张恩和编《鲁迅研究文存（第二册）/鲁迅研究札记与译著》，高等教育出版社，2018。

57 钟敬文《钟敬文全集》第19册，何乃英编《国际交流卷》，高等教育出版社，2018。

58 钟敬文《钟敬文全集》第20册，童庆炳编《散文卷（第一册）/五四以来散文创作与抗战报告文学》，高等教育出版社，2018。
59 钟敬文《钟敬文全集》第21册，童庆炳编《散文卷（第二册）/现代散文与创作论》，高等教育出版社，2018。
60 钟敬文《钟敬文全集》第22册，董晓萍、康丽编《诗歌概论/诗歌通论/诗词格律要略》，高等教育出版社，2018。
61 钟敬文《钟敬文全集》第23册，胡友鸣编《考证〈白香词谱〉》，高等教育出版社，2018。
62 钟敬文《钟敬文全集》第24册，赵仁珪编《诗词总集》，高等教育出版社，2018。
63 钟敬文《钟敬文全集》第25册，赵仁珪、钟宜编《诗词补集》，高等教育出版社，2018。
64 钟敬文《钟敬文全集》第26册，宫苏艺编《报刊文章》，高等教育出版社，2018。
65 钟敬文《钟敬文全集》第27册，秦永龙、董晓萍编《学术书信卷》，高等教育出版社，2018。
66 钟敬文《钟敬文全集》第28册，史玲玲、朱霞、赖彦斌、赵娜编《钟敬文与北师大民俗学史（1949—2013年）》，高等教育出版社，2018。
67 钟敬文《钟敬文全集》第29册，董晓萍、赖彦斌、赵娜编《钟敬文录像图文卷》，高等教育出版社，2018。
68 钟敬文《钟敬文全集》第30册，钟少华、钟宜、曹文瀚编《图片手迹》，高等教育出版社，2018。

69 董晓萍《文献与口头：历史经典名著故事类型》，上海大学出版社，2019。
70 ［法］金丝燕《文化转场：法国早期汉学视野研究》，中国大百科全书出版社，2019。
71 董晓萍《跨文化技术民俗学》，中国大百科全书出版社，2019。
72 董晓萍《跨文化民间叙事学：鲁班研究个案》，中国大百科全书出版社，2019。
73 王一川《中国艺术心灵》，中国大百科全书出版社，2019。
74 李国英《〈说文解字〉研究四题》，中国大百科全书出版社，2019。
75 韩琦《康熙皇帝·耶稣会士·科学传播》，中国大百科全书出版社，2019。
76 ［法］罗栖霞（Julie Lechemin）《法国国家图书馆：汉学图书的跨文化典藏》，中国大百科全书出版社，2019。
77 刘宁《跨文化苏联文学访谈录》，李正荣整理，中国大百科全书出版社，2019。
78 ［爱沙尼亚］于鲁·瓦尔克（Ülo Valk）《信仰故事研究要点》，董晓萍译，中国大百科全书出版社，2019。
79 董晓萍《国家·历史·民俗》，中国大百科全书出版社，2019。
80 ［法］汪德迈（Léon Vandermeersch）《中国教给我们什么？》，［法］金丝燕译，香港中文大学出版社，2019。